Quipu

ESCRITORA
María Inés Falconi

Comenzó su actividad como dramaturga con la obra *Tornillos Flojos* (Premio por los Derechos del Niño otorgado por APDH) en 1985. Desde ese momento, ha desarrollado una intensa actividad en el Teatro para Niños y Adolescentes estrenando más de 30 obras.
Su dramaturgia está dirigida a niños y jóvenes de todas las edades. Así podemos mencionar, entre otras obras, para los más pequeños, *Chiches, Teatro en cochecito*; para pre-escolares *Paquetito* y *Que las hay... las hay*; para niños mayores de 6 años, *El Nuevo* y *Chau, Sr. Miedo*; para preadolescentes, *Caídos del Mapa* y *Hola y chau, papá* o adaptaciones de clásicos para adolescentes como *Ruido de una noche de verano* o *De cómo Romeo se transó a Julieta* y *Jamle*.
Sus obras han sido estrenadas tanto en Argentina como en otros países de habla hispana y han participado en diversos Festivales Internacionales, recibiendo asimismo, premios nacionales e Internacionales entre los que se destacan el Premio Argentores, Premio Fondo Nacional de las Artes y Mención Honorífica Dramaturgia Iberoamericana, Badajoz, España.
María Inés Falconi extiende su actividad literaria a la narrativa con la publicación de novelas y cuentos como: *Caídos del Mapa, Cartas para Julia, Hasta el domingo, Bichos de cuentos, Leyendo leyendas, Los hermanos no son cuento*, entre muchos otros.

ILUSTRADOR
Caloi

(1948-2012). Ya de chiquito Carlos se dibujaba todo. Él mismo reconoce que, *después de los garabatos, me convertí en un cronista con la misión de registar todo lo que me rodeaba. Elementos de la casa, mi hermano menor en el corralito, las gallinas y, luego, todo lo que pasara delante de mi ventana. El ferrocarril, los árboles, los carros, los autos y otros datos del mundo exterior empiezan a figurar en mi precoz repertorio. Este compromiso me convirtió a menudo en el "gil" que aceptaba hacer los mandados porque después quedaría con el premio: el papel con que, en aquella época, se envolvía todo en el almacén, para dibujar en él.*
Luego vinieron las primeras revistas caseras: hojas dobladas y abrochadas, con publicidad y todo. Y los dibujos con yeso hechos en la calle. Y las primeras publicaciones en *Tía Vicenta*. Y el diario *Clarin*, con Clemente. Y los premios internacionales. Y...

Los verdes de Quipu

Caídos del Mapa

María Inés Falconi

Ilustración de tapa
Caloi

Quipu

28ª edición: 2013

José Bonifacio 2434, Buenos Aires
Tel - Fax: +54 (11) 4612-3440
info@quipu.com.ar
www.quipu.com.ar
@quipulibros
/caidosdelmapa

Hecho el depósito
que marca la ley 11.723
Libro de edición argentina
Printed in Argentina

Falconi, María Inés
Caídos del mapa. - 28a ed. - Buenos Aires : Quipu, 2013.
160 p. ; 14x21 cm. - (Los verdes de Quipu; 1)

ISBN 978-987-504-027-4

1. Narrativa Infantil y Juvenil Argentina. I. Título
CDD A863.928 2

Impreso en Argentina
con Papel de Fuentes Mixtas
y manejo responsable.

Caídos del Mapa

Capítulo 1

—Fabián ya tiene la llave del sótano –le dijo Graciela a Paula mientras buscaba en su mochila la carpeta de Lengua.

—¿Qué llave?

—La del sótano, nena.

Paula sintió un escalofrío que le subió desde el dedo gordo hasta la punta de la trenza. Se puso colorada. ¡Siempre le pasaba lo mismo! Le pareció que todos los chicos la miraban, que la maestra la miraba, que la directora también la miraba a través de las paredes. Estaba segura de que todos habían escuchado lo de la llave y que estaban esperando que ella diera una buena explicación.

—¿Para qué sirve la llave, Paula? –preguntó la maestra que estaba haciendo un análisis sintáctico en el pizarrón. Todo estaba perdido: había escuchado.

—Yo no fui, seño, fue... –se apuró a decir.

La interrumpió una carcajada general.

—La llave que dibujé en el pizarrón, ¿para qué sirve? –repitió la maestra.

—¡Ah! Yo creí que usted hablaba de la llave... –ahora la interrumpió una patada de Graciela–. La llave sirve para marcar el sujeto.

—Bien, Paula. A ver si se despierta, m'hijita.

—¡Imbécil! Casi lo arruinás todo –susurró Graciela.

—Es que estaba pensando en el sótano. Gra... nos van a pescar.

—No nos van a pescar nada y nos vamos a re-divertir, cortala.

—¿No lo podemos dejar para el año que viene?

—¿Sos idiota? ¡Mirá si vamos a venirnos del secundario a ratearnos al sótano de esta escuela!

Graciela odiaba a Paula cuando se ponía nerviosa y tonta. Hasta pensó en dejarla fuera del plan. Pero Paula era su mejor amiga desde primero... Y además, cuando se le pasaba el miedo, hasta era divertida... Y además, ella no iba a ir sola con los dos chicos para que la verdugueen todo el tiempo... Y además, los chicos no iban a querer. Y además, ella también tenía un miedo bárbaro mezclado con unas ganas bárbaras de ir. No era cuestión de achicarse ahora y tener que bancarse el gaste de Fabián y de Fede.

Graciela tenía cosquillas en el estómago. Faltaban años para que llegara el día siguiente. Les iba a decir a los chicos que fueran esta tarde a su casa para planear bien todo. No, mejor a casa de Fede, que seguro que la madre no estaba. No, a la casa de Fede tampoco, porque a Paula no la iban a dejar. Mejor reunirse en la plaza. La plaza era el lugar más seguro. Rompió una hoja borrador y escribió:

"Esta tarde a las cinco nos encontramos en la placita". No la firmó, por si alguien la leía, y se la pasó a Paula.

—¿No iba a ser mañana? –le preguntó Paula después de leerla.

—Hoy es para organizarlo todo, pasala.

—¿Organizar qué?

—¡Pasala!

—¿A Fabián? –volvió a preguntarle Paula.

—No, a la maestra –se burló Graciela.

Decididamente, hoy Paula estaba tonta. Graciela le sacó la nota, se estiró por detrás de Paula y le pasó el papelito a Fabián por debajo del banco. Esperó de reojo la respuesta de un okey que llegó enseguida. Listo. ¡Uy!... no había copiado nada de lo que había en el pizarrón, ¡y Paula tampoco! Empezó a escribir a mil.

De repente le cayó un bollito de papel sobre la hoja. Lo abrió. Era el mismo papel que ella había mandado y traía la respuesta: "Voy a estar ahí a las cinco en punto. Gracias por invitarme".

Miró a Fabián para decirle que había recibido la respuesta, pero Fabián estaba copiando. Miró a Fede, pero Fede estaba leyendo una revista. ¿Quién había mandado esa nota? Todos los chicos estaban haciendo el ejercicio, o haciendo que hacían el ejercicio. Escuchó una risita atrás suyo. Se dio vuelta y ahí estaba Miriam, saludándola con esa horrible mano regordeta de uñas comidas.

¿Cómo diablos había hecho para agarrar el papel? ¿Cómo sabía que ella lo había escrito? Seguro que la había visto cuando lo pasaba. Siempre estaba con las antenas paradas para enterarse de todo.

Tenían que cambiar de lugar: plan que Miriam descubría era plan arruinado. Pero mejor lo arreglaban a la salida, ¡y que Miriam fuera a la plaza si quería! Por lo pronto, ya estaba enterada de que tramaban algo. ¿Sabía quiénes? ¿Sabía qué? Lo único seguro, era que intentaría enterarse de todo.

Sonó el timbre de salida. Graciela guardó todo en la mochila y se acercó al banco de los chicos.

—En la plaza no se puede –les dijo–. Se enteró Miriam.

—¿Miriam? –Fabián no lo podía creer– ¿Cómo hizo la gorda para leer el papel?

—¿Cómo hizo? ¿Cómo hizo? Lo leyó –Fede estaba furioso–. Lo leyó porque ustedes son dos salames que se andan pasando papelitos delante de ella.

—¡Pero yo me lo guardé en el bolsillo! –se defendió Fabián–. ¿Qué tiene Miriam, rayos láser?

—No, ella no tiene rayos láser, vos tenés el bolsillo agujereado, gil –le contestó Federico.

—Bueno, paren. Lo que es seguro es que hay que cambiar de lugar –dijo Graciela.

—Podemos reunirnos en casa –propuso Fabián.

—¿Para qué vamos a ir a tu casa...? –sonó la vocecita chillona de Miriam en sus orejas.

—Para matar a una gorda metida, ¿querés venir? –le contestó Fede.

—¡Tarado!

Y con esa respuesta, Miriam se fue a formar, ofendida, pero con la oreja atenta a pescar en qué andaban sus compañeros.

El encuentro de esa tarde estaba resuelto: a las cinco en la casa de Fabián. Se despidieron en la puerta después de recomendarse mil veces que nadie hablara del asunto ni con el espejo.

Capítulo 2

Si se iban a encontrar esa tarde debía ser para algo importante, iba pensando Miriam, mientras golpeaba las paredes con el rollo de cartulina que había llevado para hacer la lámina del aparato respiratorio. La maestra no había dado ningún trabajo en grupo, así que no se iban a reunir para hacer tarea. Tampoco era el cumpleaños de nadie. No iban a ir a la plaza para andar en bicicleta, porque cuando los chicos salían en bici siempre iban solos, no con las chicas.

Si iba Graciela, seguro que también iba Paula, porque siempre andaban juntas. Y si iba Fabián, seguro que también iba Fede, porque a Fabián solo, nunca se le ocurría nada.

Había cuatro, seguro, en esa reunión, pero, ¿iba alguien más? Eso lo podía averiguar por teléfono. Podía llamar a uno por uno y preguntarles si esa tarde iban a la casa de Fabián.

¿Y si todo el grado iba a la casa de Fabián y no la habían invitado? No. No creía. Nunca nadie había podido organizar una fiesta sin que ella se enterara. No era una fiesta, aunque... ¡la fiesta lo podía organizar ella! Aunque, si ella no podía ir a lo de Fabián porque no la habían invitado, lo que sí podía hacer; ¡era arruinarles la reunión, o la fiesta, o lo que fuera!

Contenta con su idea metió la cartulina en la mochila y apuró el paso. Tenía poco tiempo, si quería que todo saliera bien.

A las cinco de la tarde, sonó el primer timbre en la casa de Fabián. Fabián atendió el portero eléctrico y escuchó la voz de la madre de Paula.

—Fabiancito..., ¿está tu mamá?

—Se está bañando –mintió Fabián rápidamente.

—Bueno, acá la dejo a Paulita. A las siete la vengo a buscar. Pórtense bien.

Fabián salió a esperar a Paula al ascensor.

—¡Hola! –saludó, mientras abría la puerta del ascensor con un aparatito de control remoto que acababa de inventar–. ¿Cómo hiciste para que te dejaran venir?

—Le dije a mi mamá que teníamos que preparar un trabajo en grupo para Naturales –dijo Paula mientras intentaba cerrar la puerta del ascensor–. Che, se trabó la puerta –avisó.

—Ya sé. Mi control remoto sirve para abrirla, pero se traba en la mitad y después no cierra. Lo tengo que perfeccionar.

—¿Lo hiciste vos? –a Paula le sorprendían los inventos de Fabián, aunque no podía entender cómo le divertía perder el tiempo con eso.

—Sí, nena, ¿no te acordás que te conté? Pero así no sirve. Para mí, es la botonera. Esperá que lo desarmo.

Fabián se metió en su casa y dejó a Paula forcejeando con la puerta del ascensor.

—¡Fabián! –gritó Paula–. No la puedo cerrar.

Pero Fabián ya estaba sumergido en su control remoto con pinzas raras, destornilladores y alambres. Paula tuvo que entrar a buscarlo.

—Te digo que la puerta no cierra –le repitió.

—Bueno, dejala así.

—¿Abierta?

—Sí, ahora voy.

—¿Por qué no llamás a tu mamá? –sugirió Paula que ya se estaba poniendo nerviosa.

—Porque no está –le confesó Fabián sin sacar la nariz del soldador.

—¿Pero no se estaba bañando? –Paula estaba cada vez más nerviosa: si su mamá se enteraba de que estaba sola con Fabián y que además, habían roto la puerta del ascensor, se iba a comer una penitencia de aquellas.

—No. Dije que se estaba bañando para que tu mamá te dejara entrar –le explicó Fabián–. No creo que lo pueda arreglar ahora, se me acabó el estaño.

—Bueno, dejalo y vamos a cerrar la puerta Paula insistía. Por lo menos que nadie fuera a quejarse.

—Vamos. Traé ese martillo –le dijo Fabián desde el pasillo.

Paula salía con el martillo en la mano cuando sonó el timbre del portero.

—¡Mi mamá! –se sobresaltó Paula.

—No, debe ser alguno de los chicos.

—Seguro que es mi mamá.

—Mirá, quedate tranquila, porque si es tu mamá, no puede subir porque no hay ascensor.

Fabián atendió el portero eléctrico. Paula tenía la oreja pegada al tubo, pero no escuchaba nada.

—No, señora. Mi mamá no está... Paula está conmigo, sí... ¿Los chicos? No, no viene nadie más, estamos solos, pero no podemos bajar porque Paula rompió el ascensor.

A Paula se le llenaron los ojos de lágrimas. Las piernas le temblaban.

—¿Que se la lleva a su casa? Bueno, pero suba por la escalera porque el ascensor no anda. Tu mamá –confirmó Fabián.

Paula, muda para siempre, agarró su mochila y sin soltar el martillo empezó a caminar hacia la puerta. Escuchaba pasos en la escalera cada vez más cercanos. No se le ocurría pensar, ni siquiera, una excusa para salvarse.

Terminaron los pasos en los escalones y avanzaron por el pasillo. Sonó el timbre del departamento y, sin esperar respuesta, se abrió la puerta. A Paula se le cayó el martillo de la mano.

—Hola... –saludó el papá de Fabián.

Paula se largó a llorar, no sabía bien si del susto o porque el martillo le había dado en el pie.

—¿Pasa algo? –preguntó el padre de Fabián extrañado.

—No, nada, que se trabó la puerta del ascensor –le contestó Fabián haciéndose el desentendido.

—¿Y por eso está llorando? –volvió a preguntar el padre de Fabián, sospechando que le ocultaban algo.

—Eh... sí. Ella, cada vez que se rompe algo, llora. Es muy... sensible. Mirá, llora hasta cuando se le rompe la mina de un lápiz –Fabián se dio cuenta de que no había sido muy convincente–. Cuando la madre hace la comida y rompe un huevo, también se pone a llorar.

Paula se rió. Al fin había zafado. Después de todo, él le había querido hacer una bromita y la tonta se había puesto a llorar. ¡No era para tanto!

—Bueno –dijo el padre de Fabián–, vamos a arreglar esa puerta.

Agarró el martillo, salió al pasillo y pegó un martillazo en el riel.

—Ya está –dijo–. Me tengo que acordar de avisarle al portero que esta puerta se traba todo el tiempo.

Fabián y Paula se miraron. Las paces estaban hechas. El padre de Fabián se metió en la cocina, ellos se volvieron a mirar, miraron a la cocina y se tentaron. Fabián escondió el control remoto y Paula se sacó la media para ver cómo tenía el pie. Él pensó que Paula tenía pies muy chiquitos. Ella se puso colorada cuando se dio cuenta de que Fabián la estaba mirando. ¿Por qué esa desgracia de ponerse colorada por cualquier cosa?

Sonó el timbre. Era Graciela.

—¿Y Fede? –preguntó Graciela mientras entraba.

—Todavía no llegó –le contestó Fabián.

—Espero que no tarde, a mí me vienen a buscar a las siete –dijo Paula.

—Entonces empecemos –les propuso Graciela.

—No, che, esperemos a Fede –dijo Fabián.

—¡Quién sabe a que hora viene! –protestó Paula.

—Está bien, lo esperamos diez minutos– Graciela no quería empezar sin Federico. Después de todo, él había ideado el plan.

—Esperen que busco galletitas. ¿Quieren Coca? –les preguntó Fabián.

—Bueno.

¿Para qué había ofrecido Coca si era seguro que no había? Ni siquiera sabía si había galletitas. Algo iba a encontrar. Sí, el tarro de las galletitas abierto y vacío. Su papá se había comido las últimas.

Fabián volvió con dos panes y un sifón.

—Es lo único que encontré –les dijo–. No hay ni manteca.

Lo salvó el timbre.

—¡Fede! –gritaron los tres al mismo tiempo.

Fabián fue a atender.

—Che... ¿alguien le dijo a Roxana que venga? –preguntó cuando volvió de la cocina.

—¿A Roxana? –dudó Graciela–. No. Le habrá dicho Fede.

Llegó Roxana con una Coca en la mano.

—¡Uy! ¡Coca! Mató –fue el saludo de Fabián.

Roxana se sacó la campera y se sentó en el sofá. Nadie hablaba.

—¿Hicieron la tarea de La Foca? –preguntó por decir algo.

—No.

Los chicos se miraron: ¿sabía o no sabía?

—Yo tampoco. No compré ni el mapa todavía –siguió Roxana.

Se volvieron a callar. Mejor que llegara Fede antes de preguntarle nada. Volvió a sonar el timbre.

—¡Fede! –gritaron Paula y Graciela.

—No, Pablo –anunció Fabián asomándose desde la cocina. Y el timbre volvió a sonar.

—¡Fede! –repitieron las chicas.

—Mariana y Lucía.

Entró Pablo con un paquete de papas fritas, Mariana y Lucía con más Cocas. Siguió sonando el timbre. Llegaron Martín, Juani y María Sol. Martín traía una pila de cds y los puso en el equipo. Algunos empezaron a bailar. Fabián seguía atendiendo el portero y trayendo vasos. Las chicas seguían gritando "¡Fede!" cada vez que sonaba el timbre. Llegaron Marina, Guadalupe y Romina. Llegó Diego. Se sumaron al baile. Fabián, Graciela y Paula se miraban. No podían hablar. ¿Por qué no llegaba Fede? Les había hecho una broma pesada.

¿Habría invitado realmente a todo el grado? Lo único que faltaba es que también viniera Miriam. Timbre otra vez.

—¡Fede! –repitieron las chicas incansables.

—Sí, Fede.

Los tres suspiraron aliviados y corrieron a esperarlo al ascensor.

—¿Se puede saber por qué les dijiste a todos? –lo atajó Graciela, furiosa.

—¿A qué todos? –Fede no entendía nada.

—A todo el grado, dejá de hacerte el idiota –le dijo Paula.

—¿Están locos? ¿Qué le dije a todo el grado qué?

—Que vengan a mi casa –le aclaró Fabián.

—¡¡Uy!! Qué plomos están. Está bien, che, disculpen. Se me hizo tarde, no es para ponerse así tampoco, ¿no? –dijo Fede mientras abría la puerta del departamento.

—¿Y esto qué es? –gritó cuando vio a sus compañeros.

—Eso es lo que queremos que "vos" nos expliques –le dijo Graciela.

—¿Yo?

—Sí, vos, que les dijiste que vengan –le reprochó Paula.

—¿Qué te pasa, nena? Yo no le dije nada a nadie –se defendió Fede.

—¿Estás seguro? –le preguntó Fabián.

—No sé –dijo Fede–. Por ahí soy sonámbulo y hablo dormido.

—¿Entonces quién les avisó? –Fabián estaba asombrado y, además rogaba que su mamá no llegara justo en ese momento.

—Averigüemos –Federico paró la música y ante la sorpresa de todos gritó–: ¿Se puede saber quién organizó esta fiesta?

—¡Fabián! –dijeron todos a coro.

—No, yo no fui –se defendió Fabián.

—¡Qué no! A mí me avisó Miriam. Me dijo que vos tenías el teléfono roto y que no podías llamar a todos.

Así que había sido un plan de Miriam. Federico quería irse hasta la casa y reventarla a piñas. Lo convencieron de que era inútil. Evidentemente, en medio del baile, no podían planear la rateada de mañana. La única esperanza era que los vinieran a buscar a todos antes que a ellos tres. Imposible. Miriam había dicho que la fiesta era hasta las diez. Fabián estaba listo. Su mamá iba a volver a las ocho. No había forma de que no se encontrara con la fiesta sorpresa y era difícil que le creyera esta pavada.

Decidieron que lo de mañana iba a ser sin planificar y que cada uno llevaría lo que le pareciera necesario. Y que, en vista de las circunstancias, lo mejor era ponerse a bailar ellos también.

A Paula la vinieron a buscar a las siete en punto, y a Graciela a las siete y media.

Federico también se tuvo que ir y Fabián se quedó bailando hasta que se fue el último.

Esa noche, en sus casas, los cuatro estuvieron dando vueltas hasta tarde. Iban poniendo en la mochila todo lo que creían que podía ser útil en un sótano. Después sacaban la mitad, lo volvían a poner. Se durmieron tardísimo, pensando si no se habían olvidado nada; y, con miedo de que alguien pudiera sospechar, pero armando y desarmando una y mil veces ese sueño, ahora posible, que era descubrir un lugar secreto para los cuatro, lejos del mapa de la Foca.

A la mañana siguiente todos se despertaron antes de que los llamaran. Todos menos Federico que, por supuesto, se quedó dormido y llegó tarde al colegio.

Capítulo 3

El jueves era un día plomo en la escuela. Tres horas de Lengua, una de Música y una de Geografía con "la Foca". De las cuatro maestras que tenían los séptimos, ésta era la más odiada. Pertenecía a la clase de maestras "podridas": todo el tiempo pedía mapas prolijitos, dibujos pintaditos, daba pilas de tarea, tomaba lecciones o pruebas todas las clases, era aburrida, no dejaba hablar, no dejaba correr en los recreos, gritaba y palmeaba todo el tiempo como una... foca. Además era vieja y fea, con unos anteojos que se le resbalaban por la nariz ganchuda, hasta que casi parecía sostenerlos con esos horribles dientes salientes que tenía.

Desde el comienzo del año, los chicos buscaban la forma de desaparecer de su clase, pero sabían que era imposible. Hasta que a Federico se le ocurrió el plan de esconderse en el sótano con sus mejores amigos: Fabián, Graciela y Paula.

Al comienzo, todos se negaron. La idea parecía muy riesgosa. Federico, de a poco, fue elaborando un plan y terminó convenciéndolos. ¿Qué problema había en decirle que sí? Total... nunca conseguirían la llave. Pero Fede tenía todo muy bien pensado y lo iba a lograr.

El sótano era un misterio para todos los chicos de la escuela. Estaba cerrado con llave y no se abría jamás. Muy de vez en cuando, Ramón, el portero, bajaba con algún mueble en desuso o alguna caja llena de cosas, y lo volvía a cerrar. A veces, también, alguien decía que había escuchado ruidos en el sótano y entonces empezaban a circular historias sobre fantasmas y espíritus, pero después de un tiempo, todo el mundo se olvidaba.

Ratearse al sótano era bueno para salvarse de la hora de la Foca, pero era mucho mejor para pasar un rato en un lugar desconocido, donde nadie los pudiera encontrar, bajo tierra, los cuatro juntos.

Hoy era el día. Jueves, durante la última hora. Fabián había tardado mucho en conseguir la llave. Con la excusa de pedirle herramientas a Ramón o de ayudarlo a arreglar algo, Fabián tenía que conseguir el llavero, probar cuando nadie lo viera las millones de llaves que Ramón llevaba colgando en la cintura hasta encontrar la del sótano, y sacarla. En realidad, esto no era difícil para Fabián porque Ramón, con frecuencia, le daba el llavero para que busque algo en el cuartito de limpieza o en algún armario. Pero se había demorado porque tenía mucho miedo de que lo descubrieran.

Hoy tenían la llave. Era muy poco probable que la Foca se diera cuenta de su ausencia. Por lo general, los jueves a la última hora no tomaba lección y dibujaba en el pizarrón mapas interminables que todos copiaban. Jamás se daba vuelta, salvo para pegarle un grito a alguien que estaba hablando. Pero como ellos no iban a estar, no tenía por qué gritarles.

Miriam llegó esa mañana contentísima, esperando la bronca de los chicos por lo que les había hecho el día anterior para poder reírse en sus propias narices. Pero los cuatro estaban tan preocupados con la rateada, que ninguno le dio bolilla. Y para colmo, el resto del grado no hacía más que hablar de lo bien que lo habían pasado en la casa de Fabián. Miriam se mordía los codos de bronca. Últimamente nada le estaba saliendo bien. Ella sabía que nadie la soportaba en el grado, pero eso no era lo que le preocupaba. Pensaba que nadie la tragaba por envidia, porque todas las maestras la trataban bien, porque su papá era el Presidente de la Cooperadora desde hacía mucho... Pero lo que sí le daba bronca, era molestar a sus compañeros y que ellos no se enojaran. Esto la ponía furiosa. Claro que pasaba muy pocas veces, porque las bromas de Miriam eran pesadas, desagradables y antipáticas y más de una vez se había tenido que pelear a las piñas con algunos de sus compañeros. Total... ella tenía más fuerza que muchos de ellos.

Esto de ayer había sido una obra maestra de maldad y parecía no importarle a nadie. Algo estaba sucediendo. Había que vigilar.

Durante la hora de Lengua, Paula y Graciela no pudieron dejar de cuchichear.

Graciela había traído galletitas y un peine. Nadie entendía para qué podía servirles un peine en el sótano, pero ella afirmaba que a lo mejor se despeinaban y que si salían despeinados alguien podía sospechar.

—De mí van a sospechar si me ven peinado –le dijo Federico que usaba el cómodo sistema de peinarse con la mano.

—Vos, si no querés, no te peines, pero yo no pienso salir del sótano hecha una bruja –y con eso, Graciela dio por terminado el tema.

Paula había estado pensando todo el día en qué podía necesitar en el sótano. Pensó en una escoba por si estaba muy sucio, pero le pareció muy sospechoso venir con la escoba a la escuela. Se decidió por un repasador por si tenía que sentarse en el suelo para no ensuciarse el delantal. Después pensó en las cosas que llevaba su mamá cuando salían de vacaciones, y metió todo lo que pudo en la mochila: curitas, alcohol, pomada para los golpes, gotas para la nariz, aguja e hilo y un par de botones.

Decididamente, las chicas no tenían idea, pensó Federico, casi arrepentido de haberles dicho, aunque a él tampoco se le ocurría demasiado qué llevar. Se decidió por algo para comer y una revista de historietas, por si resultaba aburrido.

El que cargó con un verdadero arsenal de artefactos fue Fabián. Una linterna por si no había luz, su *mp3*, una soga, un destornillador, algunos alambres y tornillos y su último invento, el control remoto, porque nunca se sabe con qué puede encontrarse uno ahí abajo.

La hora de música fue insoportable. Las canciones eran chicle. La voz de pito de la profesora les agujereaba los oídos y Miriam se había instalado justo en la fila de atrás. No los dejaba ni respirar. Preguntaba para qué a todo lo que les escuchaba decir, hasta cuando estornudaban. Ni las amenazas de Federico lograron espantarla esta vez.

El problema iba a ser deshacerse de ella en el recreo. Los chicos podían esconderse en el baño, pero las chicas no iban a poder escapar tan fácilmente. Si no podían sacarse a Miriam de encima, chau sótano.

Federico tuvo una idea. La llamó y le dijo:

—Si vos prometés ayudarnos, te contamos lo que vamos a hacerle a la Foca.

Miriam entró sin sospechar nada. ¡Por fin iba a enterarse de lo que estaba pasando!

—Durante el recreo vamos a llenar bombitas de agua en el baño y cuando empiece la clase, las vamos a vaciar contra la pared y le decimos a la Foca que pierde un caño y que se está inundando el aula. Entonces no va a dar clase o, por lo menos, va a perder un montón de tiempo –le explicó Federico.

—¿Y yo qué tengo que hacer? –preguntó Miriam, que de tan entusiasmada que estaba porque le habían avisado, no se daba cuenta de que era un plan descabellado.

—Vos tenés que entretener a la maestra.

Traela al aula en el recreo y le mostrás la carpeta, no sé, lo que quieras. Algo se te va a ocurrir a vos que sos tan inteligente.

Miriam no lo podía creer. ¡Federico confiaba en ella! Claro que era inteligente, iba a inventar algo bárbaro.

—¡Ojo! –recalcó Fede– que no vaya a salir del aula.

—No te preocupes, dejame a mí –lo tranquilizó.

Listo. Con eso, Miriam se iba a pasar el recreo ocupada y, por suerte, la Foca también. Había sido redondo.

En ese recreo, los chicos no pudieron ni jugar, ni hablar, ni nada de nada. A cada rato les parecía que alguien los miraba, que toda la escuela los vigilaba. Antes de que tocara el timbre, se fueron al baño y ahí esperaron. Miriam había cumplido con lo suyo: la Foca ni apareció.

Se escondieron en el baño. Paula aprovechó para hacer pis como cinco veces. Escucharon el timbre. Escucharon a las maestras llamando a formar. Las voces de los chicos que se callaban. El típico grito de la de cuarto grado pidiendo silencio. Las puertas que se iban cerrando.

Fabián fue el primero en salir. Nadie en el pasillo. El sótano estaba frente al baño, apenas unos metros más allá. No había aulas en esa zona.

Fabián cruzó silbando y puso la llave en la cerradura. Si alguien lo veía, podía decir que Ramón lo había mandado a buscar algo. Pero nadie pasó. Entró y dejó la puerta entornada. Atrás de él se metió Federico, como una ráfaga.

—¿Y las chicas? –preguntó Fabián.

—Qué sé yo –dijo Fede–. Se estarán peinando.

—¿Cómo se van a estar peinando?... Por ahí se arrepintieron.

—Entonces, vamos –Federico empezó a caminar.

—No, pará –lo detuvo Fabián–. Esperemos un cachito. Por ahí no pudieron salir.

Y era cierto. Justo cuando estaban por salir del baño escucharon que la canilla de la pileta estaba abierta. Se subieron al inodoro para que no les vieran los pies. Paula ahogó un estornudo que le hizo perder el equilibrio y meter el pie en el inodoro. Graciela se retorcía de risa y nervios. ¿Quién podía lavarse las manos tanto tiempo? La canilla no se cerraba nunca. Si seguían tardando, los chicos se iban a ir sin ellas. Graciela se estiró para mirar por arriba de la puerta. ¡No había nadie en el baño! La canilla había quedado abierta. Nunca había habido nadie.

Salieron, se asomaron al pasillo y se volvieron a esconder. Ahí venía la profesora de gimnasia con los de segundo. Esperaron a que pasaran. Volvieron a salir. A los empujones, se metieron en el sótano justo cuando Fabián ya estaba cerrando la puerta.

—Casi nos vamos sin ustedes –les dijo Fabián.

—¡Uy! No sabés –empezó Graciela–, estábamos en el baño, ¿no?, y cuando tocó el timbre escuchamos una canilla abierta y entonces nos subimos...

—¡Para de hablar, cotorra! –le dijo Federico tapándole la boca–. Vamos.

Cuando cerraron la puerta quedaron en total oscuridad. Sólo distinguían el reflejo de sus delantales blancos. Se agarraron de la mano y empezaron a caminar.

En el aula, Miriam, sonriente, esperó la llegada de sus compañeros. Suponía que cada uno traía una bombita llena de agua, escondida en algún lado. A medida que entraban los miraba como diciendo: "Y...¿todo listo?" Pero nadie le contestaba.

Esperó a que llegara Federico. Por ahí, era el único que lo sabía. Pero Federico no llegó, ni llegó Fabián, ni Paula, ni Graciela. La Foca comenzó la clase. Los chicos no aparecían y Miriam empezó a sospechar que le habían tomado el pelo. Lo primero que pensó fue en vengarse de ellos diciéndole a la Foca que faltaban cuatro compañeros, pero no se animó. Además, mejor iba a ser descubrir ella misma dónde se habían metido. Fingiendo que copiaba el mapa hacía conjeturas para adivinar dónde podían estar. Trató de recordar todo lo que había escuchado los últimos días. La Foca seguía dibujando.

Capítulo 4

—Che, ¿cerraste la puerta con llave? –preguntó Federico que caminaba adelante.

—No –contestó Fabián.

—No cierres –dijo Graciela–, a ver si nos quedamos encerrados acá adentro.

—Yo mejor me voy –lloriqueó Paula.

—No te podés ir ahora, no va a pasar nada –la tranquilizó Fabián.

—¿Y si viene alguien? –siguió Paula.

—¿Quién va a venir, nena? ¡Cortala! –le dijo Federico de mal modo–. Cállense y síganme a mí.

Iban avanzando por un pasillo angosto y con techo muy bajo. No había nada de luz.

Por el ruido, en el suelo debía haber papeles y maderas. Caminaban muy despacio para no tropezarse. En algún lugar debía empezar la escalera. Se apretaban las manos muy fuerte. De repente, Graciela pegó un alarido.

—¿Qué pasó? –preguntaron los chicos que iban adelante.

—¡Una araña! –dijo Graciela sacudiéndose las telas de la mano.

—¡Uy, nena! ¿Qué querías encontrar en un sótano? ¿Cortinitas blancas con voladitos? Debe haber millones de arañas y ratas también, así que no chilles más.

Las chicas ahogaron un gritito de asco.

—¡Paren! –ordenó Federico–. Acá empieza la escalera. Pero cuidado que el piso está roto y se pueden ir para abajo.

—¡Pará, Fede! ¿Cómo sabemos lo que hay ahí abajo? –lo frenó Graciela.

—Un sótano, qué va a haber...

—Yo no puedo pasar por ahí, me voy a caer –dijo Paula.

—Hacé lo mismo que hago yo. Vení, dame la mano –le ofreció Fabián.

De a uno, fueron bordeando el pozo por una madera que tenía atravesada y empezaron a bajar los escalones. La escalera también estaba rota. Fede seguía adelante buscando la manera más segura de bajarla. De vez en cuando, algo crujía bajo sus pies. Paula tenía las uñas clavadas en la mano de Fabián. Estaban descendiendo al centro de la tierra. Esa escalera era interminable.

—¡Che, acá no se ve nada! –dijo Fabián.

—¿Y para qué trajiste la linterna, salame? –le contestó Federico.

—Para mirarle las piernas a Graciela –Fabián se había puesto chistoso de repente. La verdad es que, con el susto, se había olvidado de que tenía una linterna.

La sacó del bolsillo y la prendió. ¡Maldición! Se le estaban acabando las pilas. No iluminaba más allá de sus pies.

—Pasámela, que yo voy adelante –le pidió Fede.

Fabián le dio la linterna y Fede iluminó los escalones. Esa linterna servía menos que un fósforo apagado. Ojalá que las otras cosas que había traído Fabián fueran un poco más útiles...

—¿Estás seguro de que no nos vio nadie? –preguntó Paula.

—No, dale, bajá –contestó Federico.

—¿Y Ramón, no estaba en el pasillo? –volvió a preguntar Paula.

—No, dale, bajá.

—Pero Ramón a veces se queda en el pasillo –insistió.

—Bajá o te juro que te estrellás en caída libre –le gritó Fede.

Paula iba a protestar cuando escuchó el grito de Federico:

—¡¡¡Tierra!!!

Apuraron el paso. El último escalón era más alto y había que pegar un salto. Ayudaron a bajar a las chicas. Se quedaron los cuatro apretujados contra la escalera. Por delante tenían un gran agujero negro. No se veían las paredes del sótano, podía ser inmenso como toda la escuela, o chiquito como el baño.

Federico levantó la linterna pero apenas si pudo ver un montón de bancos rotos, apilados muy cerca de él. Más allá, el agujero oscuro. Levantó una madera del suelo y la tiró lejos, para ver si pegaba contra algo. La madera cayó al suelo y el ruido retumbó.

Era enorme. Eso les dio más miedo todavía. ¿Y si en el sótano había alguien más? Se quedaron callados, escuchando. Ningún ruido. Estaban solos. Fabián se animó con un hilito de voz estrangulada:

—¡Eh! ¡Oe! Nos salvamos de la Foca...

La voz retumbó en el sótano.

—¡Eh! ¡Oe! ¡Nos salvamos de la Foca! –volvió a canturrear un poco más fuerte.

Federico se le unió:

—¡Eh! ¡Oe! ¡Nos salvamos de la Foca! –cantaron a todo pulmón, con la alegría de haberlo logrado y con la necesidad de conquistar ese lugar desconocido. El sótano ya no era tan negro y el miedo ya no era tan grande.

—¡Damas y caballeros de esta tripulación! ¡Hemos tomado posesión de la Tierra de Nadie, ubicada en la latitud sótano, longitud escalera de este podrido colegio! –gritó Fabián casi sin aire, recordando a los antiguos conquistadores.

—Esta sí que la Foca no la tiene en los mapas –se rió Fede.

—No le digan la Foca, tampoco es tan mala, pobre –la defendió Paula.

—¿Mala? –saltó Fabián–. Esa es una guacha que debería hundirse de cabeza en un planisferio número tres, cerca de la Antártida.

—¿Se la imaginan a la Foca de cabeza en el planisferio, sacudiendo las patitas? –Federico la imitó–. Alumnos, glu-glu, cuántas veces les dije que este no es el mar Ártico, glu-glu, sino el Antártico...

—¿El Antártico cuál es, el que está arriba o el que está abajo? –preguntó Paula, que siempre tenía que arruinarlo todo.

—¡Qué te importa, nena! –le dijo Fabián–. Los que estamos abajo somos nosotros.

—Che, paren –propuso Federico–, vamos a investigar. Tengan cuidado de no tragarse nada.

Fabián y Federico se apartaron. Iban avanzando con los brazos estirados para no chocarse y arrastrando los pies entre los papeles. Graciela y Paula avanzaron por el otro lado pero de la mano, de costado, juntando pie con pie.

—Che, Fede –llamó Graciela–. ¿No sabés si hay una luz por acá?

—Sí, al lado de la tele –le gritó Federico con una voz que parecía venir desde muy lejos.

—¡Ay! Qué gracioso... Fabián, prestame la linterna –pidió Graciela.

—¿La sabés usar? –se burló Fabián, sin dársela y además, apagándola.

—Claro que sé –dijo Graciela–. Quiero ver si encuentro la luz.

Fabián no le contestó. Las chicas siguieron alejándose con la espalda contra la pared. De vez en cuando, pateaban algún bulto, pero lo esquivaban sin agacharse a ver qué era. Escucharon ruidos de papeles pisoteados. Seguramente lo hacían los chicos al caminar. No podían ser ratas, no tantas. No, eran los chicos. Además el ruido cada vez se escuchaba más lejos. Avanzaron unos pasos más y se detuvieron.

No había más ruido de papeles, tampoco pasos. El silencio era total.

—Chicos, ¿dónde están? –preguntó Graciela en un susurro.

—Se fueron, Gra... –le dijo Paula apretándole el brazo.

—No... deben estar escondidos –la tranquilizó Graciela–. ¡Chicos, salgan...!

—Desaparecieron en una trampa –volvió a decir Paula.

Graciela no le contestó. Forzaba los ojos para ver alguna sombra que se moviera, pero no veía nada.

—Chicos, salgan... –volvió a decir.

Una madera cayó muy cerca de ellas, haciendo mucho ruido. Las chicas gritaron y salieron corriendo, pero tropezaron con una caja y cayeron al piso.

—¿Qué fue eso? –le preguntó Paula.

—No sé, tiraron algo –le dijo Graciela–. Vení, ayudame a buscar la luz.

—Graciela... creo que voy a vomitar.

—No seas inútil y ayudame a buscar –insistió Graciela.

Las dos estaban acurrucadas detrás de unas cajas grandes. Paula empezó a llorar.

—Chicos, no es gracioso, salgan.

Y un grito aterrador sonó detrás de ellas mientras un trapo les caía en la cabeza. Ahora las dos lloraban, pero vieron la cabeza de Federico que se asomaba riéndose a carcajadas. Las chicas se le tiraron encima y lo agarraron de los pelos, le pegaron con los puños hasta que lo tiraron al suelo. Federico, a los gritos, le pedía ayuda a Fabián, pero el muy tonto no aparecía.

—¡Paren, che, se volvieron locas! –gritaba Fede–. ¡Paren, que yo no les puedo pegar porque son mujeres!

Y pararon. No por complacer a Federico sino porque, de repente, se prendió una luz. Fabián había encontrado el interruptor y los miraba triunfante. Una lamparita amarillenta iluminaba ese sector del sótano. El resto seguía a oscuras, pero ya era algo.

Capítulo 5

Después de un rato de esperarlos, Miriam se convenció de que Federico le había tomado el pelo. Pero no se iban a burlar de ella así como así: ella iba a descubrirlos.

La reunión de ayer era para planear esta rateada, pensaba Miriam mientras seguía con un marcador azul el recorrido de los ríos de Francia. Eso no le servía de mucho. Graciela había hablado de una llave... Llave, puerta... Puerta. La puerta de la casa de Federico... o de Fabián... o de Graciela... Se fueron a la casa de alguno de ellos. Esto tampoco le servía de mucho. No iba a salir de la escuela para buscarlos. Llave... puerta. Ninguna de las puertas de la escuela estaba cerrada con llave durante las horas de clase. Llave... La despertó un empujón de Martín.

—¡¿Qué hacés, nena...?! ¡Me estás dibujando el banco! –y sin esperar respuesta le hizo un rayón al mapa de Miriam.

—¡Tarado! –contestó Miriam y le devolvió el rayón.

—Che –le dijo Martín a Juani–, parece que Miriam está enamorada... No sabe dónde termina el mapa.

—Sí –contestó Juani–, está enamorada de Ramón.

Los que escucharon se rieron por lo bajo.

—¡Alumnos! –gritó La Foca–. Copien en silencio. ¿Terminó, Miriam?

Justo la había pescado con el marcador en la boca y mirando el techo.

—Ya terminé, seño –contestó Miriam, que ni siquiera había escuchado las bromas de los chicos–. ¿Puedo ir al baño?

La Foca la dejó salir. Adentro del aula no iba a descubrir mucho. Mejor los buscaba por la escuela. Llave... Podía ser la llave de un armario, pero era difícil que se escondieran en un armario. Fue al baño, por las dudas, pero en el baño no había nadie. Salió del baño para ir al patio. No iban a ser tan tontos de estar tomando solcito en el patio. No eran tan tontos. Acá la única tonta era ella que no los podía encontrar. Seguro se habían ido a la casa de Fede.

¡Uy! La Dire caminando por el pasillo, derechito hacia ella.

—Buenos días, señora –saludó Miriam tratando de parecer natural y correcta.

—¿Qué hace fuera del aula? –preguntó la Directora.

—Me mandó la Fo... la señorita Elvira a buscar un mapa a la biblioteca, pero no lo encontré.

—Bueno, pero no se quede paseando por los pasillos –le dijo la Directora.

—Sí, señora –contestó Miriam respirando aliviada y caminando hacia el aula.

Al pasar por la puerta del sótano la vio entreabierta. ¿Estaría Ramón abajo o la habrían abierto los fantasmas? Se rió de su propia broma. Caminó tres pasos más y se detuvo helada. Llave... puerta... puerta abierta... ¡Sótano! Era fácil, más que fácil. Era una pavada descubrirlos. Y para colmo, los muy tontos, habían dejado la puerta abierta.

Miriam retrocedió hasta el sótano. Después de fijarse que estaba sola, empujó la puerta con la mano. La puerta crujió, Miriam volvió a mirar al pasillo. Nadie. Empujó un poco más y asomó la cabeza. El sótano estaba muy oscuro. ¿Qué necesidad tenía de entrar? Con ir y contarle a la Foca que los chicos estaban ahí era suficiente. Volvió a cerrar la puerta y se fue al grado.

Cuando entró, todos seguían copiando. Los cuatro bancos estaban vacíos. Se sintió muy importante: sólo ella sabía dónde estaban los que faltaban. El resto de sus compañeros ya se había dado cuenta de la ausencia porque no hacían más que hablar entre ellos pero, por lo visto, nadie le había dicho nada a la maestra. Sólo cuchicheaban.

—Yo sé dónde están –le dijo a Martín.

—¿Dónde? –le preguntó Martín mientras Juani, que había escuchado, se daba vuelta.

—¡Ah...! Ni pienso decírtelo.

Se dio cuenta de que mantener el secreto la hacía mucho más importante... casi parte del plan. Le gustó esto de tener a todo el grado pendiente de ella. Casi era mejor no decir nada. Podía cambiar información por algo interesante. Incluso, después, podría chantajear a los cuatro. Mejor quedarse callada.

El revuelo en la clase era total. La única que dibujaba mapas era la Foca. De pronto, un alarido:

—¡Alumnos! ¿Se puede saber qué les pasa hoy? ¡Con esta indisciplina no se puede trabajar! Si no se callan se van a quedar sin recreo.

Los chicos ahogaron la risa. ¿Qué recreo? ¡Si era la última hora y se iban a almorzar! Por las dudas volvieron a sus mapas.

Miriam no podía lograr que el marcador circulara por los ríos. Sólo podía pensar en el sótano. De vez en cuando pescaba la mirada inquisidora de algunos de sus compañeros que ella contestaba con una sonrisita socarrona y volvía al mapa. ¿Qué estarían haciendo ahí abajo? Se imaginaba las cosas más terribles. No se iban a meter en el sótano para estudiar ni tampoco para jugar a las cartas. En el sótano se podían hacer cosas... cosas prohibidas. ¿Y si bajaba ella también? Si los chicos estaban ahí, muy peligroso no debía ser. Y si la Foca no se había dado cuenta de que faltaban cuatro, tampoco se iba a dar cuenta de que faltaban cinco.

Quedaba una hora. A lo mejor no tenía necesidad de bajar, a lo mejor, desde arriba, podía espiar sin que la vieran. Un ratito y volver al aula.

—Seño, ¿puedo ir al baño?

—¿Otra vez? –preguntó la Foca–. Bueno... vaya.

Miriam salió disparada como si estuviera haciéndose pis encima. No tenía un minuto que perder.

Capítulo 6

La luz terminó con la pelea.

—¡Fah! ¡Esto está lleno de cosas! –dijo Fede, y se abalanzó sobre unas cajas, un poco para ver qué tenían adentro y otro poco para que las chicas no le siguieran pegando.

Fabián había quedado del otro lado de una montaña de cachivaches apilados. Más allá, donde no daba la luz, el sótano seguía y podían ver sombras de objetos. Pero ninguno se animó a ir. Con lo que tenían adelante podían entretenerse una semana. Cajas y cajones con carpetas amarillas cubiertas de tierra y telas de araña. Las de abajo, bien apiladitas, las de arriba, tiradas así nomás y bastante revueltas. Restos de cartulinas sin color que en algún momento otros chicos como ellos habían dibujado: aparatos digestivos, germinaciones, llanuras pampeanas y gallinas con pollitos. Mapas gastados y ajados donde el mar y la tierra se confundían en un gris sin relieves. Escarapelas blancas, que alguna vez habían acompañado un 25 de Mayo. Bancos con otras historias, ya sin patas o sin tablas. Sillas de alguna Dirección anterior.

Un tocadiscos al que todavía se le escapaban las estrofas de Aurora. Una pila de discos de pasta. Más cajas. Más papeles con historias atadas con piolín. Un inodoro roto. Guirnaldas sin brillo de viejas fiestas. Los restos de un micrófono.

Los chicos iban de una cosa a la otra, más mirando que tocando, porque no era cuestión de entrar en confianza con las telas de araña así porque sí. De pronto una lechuza apareció gritando por la ventana chueca de un teatro de títeres destartalado. Las chicas también gritaron y cayeron sobre una pila de carpetas. Y Federico se volvió a reír. Había encontrado a la pobre lechuza embalsamada y sin patas en una caja.

—No se asusten, amiguitos –dijo Federico con voz ronca de lechuza–, soy el espíritu del sótano.

—¡Sos un tarado! –le gritó Graciela sacudiéndose la tierra del delantal.

—Serás castigada por el espíritu del sótano... ¡UAHHH! –amenazó Federico con voz de terror, saliendo de atrás del teatrito, lechuza en mano, para abalanzarse sobre Graciela.

—¡Sacá ese bicho inmundo! –gritaba Graciela mientras corría perseguida por Fede y la lechuza–. ¡Salí! ¡Qué asco!

—Busquemos a ver si hay más –propuso Fabián que no quería quedarse afuera del juego.

—¿Para qué usarían este lugar? –preguntó Paula.

La pregunta les quitó el buen humor.

—Acá encerraban a los presos y dejaban que se los comieran las ratas –le contestó Fabián guiñándole un ojo a Federico.

—¡Uy! ¡No empiecen otra vez con eso! –les pidió Graciela.

—En serio –dijo Fabián muy serio–. Yo lo escuché a Ramón decir que la escuela estaba llena de túneles y de sótanos que usaban para esconderse.

—¿Quiénes? –preguntó Paula.

—Qué sé yo quiénes –se rió Fabián–. Hace como cien años.

—¿Y todavía puede quedar algún esqueleto? –insistió Paula.

—Nena, ¿te parece que en cien años no barrieron nunca? –le dijo Fede mientras acariciaba su lechuza.

A Paula no le pareció gracioso. Historias de aparecidos y desaparecidos se le mezclaban en la cabeza. Cuentos de espíritus que venían a vengarse de los vivos. Historias que había escuchado de gente a la que la venían a buscar a su casa y se la llevaban no se sabía adónde, ni quiénes, pero que no volvían nunca más.

—A lo mejor este lugar lo usaban para esconder a los desaparecidos –sugirió con la voz temblando.

—¡Ay, nena! No digas pavadas –le contestó Federico. Paula era un genio para arruinarlo todo.

—No son pavadas, nene... –le dijo Graciela– mi tío desapareció.

Sonamos, ahora también Graciela se ponía dramática. Fede levantó su lechuza y se fue haciéndola volar y gritar a la otra punta del sótano. Fabián lo siguió.

—¿Vos lo extrañás mucho? –le preguntó Paula a Graciela.

—Yo no lo conocí –le contó Graciela–. Mi papá me mostró fotos, nada más.

—¿Vos no habías nacido? –Paula quería saber todos los detalles. Le parecía increíble que esto le haya pasado a su amiga.

—No –le contestó Graciela de mala gana.

Graciela no entendía por qué Federico se burlaba de todo. Nunca se podía hablar en serio con él y siempre la trataba como a una tonta. No estaba inventando. Era cierto que su tío había desaparecido. De pronto se acordó de lo que había dicho Paula, pensó en su tío con un pullover rojo como ella lo había visto en la foto, escondido en ese sótano... Un miedo raro le subió por la garganta. Se acercó más a Paula y la abrazó. Paula le acarició el pelo. Quería decirle algo, pero no sabía qué se decía en esos casos.

—Mi pésame... –ensayó. Y dio resultado, porque Graciela primero la miró sorprendida y después se empezó a reír con esa risa tentada que ella tenía, secándose con el delantal todas las lágrimas juntas, las de reír y las de llorar.

En eso apareció Fede revolviendo todo con apuro.

—Che –les dijo–, ayúdenme a buscar un cable, que Fabián encontró un parlante y quiere conectarlo al mp3.

—Pará, pará, pará –lo frenó Paula–. Primero comamos algo que yo estoy muerta de hambre.

—Sí, claro, como tenemos todo el día... primero comemos algo, después dormimos la siesta, y después buscamos el cable... –se burló Federico–. Tomá, nena, si tenés hambre comete mi alfajor pero mientras tanto buscás el cable.

Federico le tiró el alfajor y Graciela sacó del bolsillo un paquete de galletitas que en realidad era un paquete de miguitas. Se repartieron lo que había entre los tres.

—Che, ¡conviden! –les gritó Fabián desde la otra punta.

—Ya va, llorón... –le dijo Graciela mientras le llevaba lo que había quedado.

—¡Uy! ¡Fede! Acá hay un cable –dijo Paula con la boca llena.

—Acu huay unnn cuable –le hizo burla Federico–. Tragá, nena, antes de hablar.

—Ayúdenme, porque está atado a este cajón que es muy pesado –pidió Paula sin darse por aludida.

Federico se acercó. El cable estaba todo enroscado alrededor de un cajón y era imposible sacarlo.

—Podrías haber encontrado otro, ¿no? –le reprochó.

—¿Por qué...? ¿Vos encontraste muchos cables? –se defendió Paula y dio en el blanco.

—Che, genio –gritó Federico a Fabián–, ¿no tenés una pinza?

—¿Un destornillador no es lo mismo? –le contestó Fabián.

—No, lo que pasa es que quiero cortar el cable porque no lo podemos desenredar.

—Espera –los interrumpió Graciela–. Me parece que yo tengo la tijerita de actividades.

Federico corrió hacia ella para buscarla. Graciela revisaba en los bolsillos y sacaba las pavadas más grandes, pero la tijera, no. Fede le quiso revisar el otro bolsillo. Graciela le sacó la mano. Fede la volvió a meter. Forcejeaban por encontrar la tijerita. Graciela no sabía si reírse por las cosquillas o enojarse por los tirones, asi que hacía todo al mismo tiempo. A Federico le divertía más el juego que encontrar la tijerita. Finalmente, Graciela la sacó del bolsillo y Fede se la arrancó de la mano.

—¡Ay! ¡Bruto! –chilló Graciela–. ¡Casi me arrancás un dedo! ¿A vos no te enseñan a pedir por favor?

—¿Qué querés? ¿Qué te la pida de rodillas? –le contestó Fede yéndose a cortar el cable.

—Tiene razón –le dijo Paula poniéndose del lado de su amiga –vos siempre sacás todo a lo bruto y así nadie te va a prestar nada.

—¿Y quién quiere que le presten algo? –le contestó Federico–. Si nunca nadie te presta nada.

—¡Mentira! –se enojó Graciela–. ¿Yo no te presté la tijerita?

—¡Ahora! Pero en la hora de dibujo cada vez que te pido una hoja me decís que no, y después la nota me la ponen a mí.

Se la dije, pensó Fede, que todavía se acordaba de la clase de la semana pasada cuando Graciela no le quiso dar hojas.

—Y bueno, nene –se metió Paula– lo que pasa es que vos nunca traés nada. ¿Por qué no le pedís a tu mamá que te compre hojas alguna vez?

—¿Y qué te creés que hago? –Federico estaba furioso–. Yo le pido a mi vieja que me compre, pero ella me dice que la plata que le pasa mi papá no le alcanza. ¿Qué querés? ¿Que le diga eso a la de dibujo? ¡Má sí! ¡Que me ponga la nota que quiera...!

Todos se quedaron callados. Sólo Federico seguía luchando con el cable, con tanta bronca que no sabía si entre sus manos tenía al cable, a Graciela, a Paula o a su mamá. Se había puesto todo colorado, y si hubiera habido un poco más de luz los chicos le hubieran visto los ojos llenos de lágrimas. ¿Por qué siempre tenía que terminar peleándose con todo el mundo? Después de todo, él no había querido lastimar a Graciela, estaba jugando nada más.

—¡Y esta tijerita tuya es una porquería! ¡No corta nada! –dijo tirando la tijera.

—Corta papel, no alambre, nene –le contestó Graciela agarrándola del suelo.

—Se pudrió todo, genio, este cable no se puede cortar –dijo Fede.

—Y bueno, no lo corten –contestó Fabián–. Uno de un kilómetro me sirve igual.

—¿Y por qué no lo dijiste antes?

—Porque no me lo preguntaron –se hizo el inocente Fabián.

Los tres corrieron a pegarle; ese marciano había hecho que se pelearan. Merecía un buen castigo... y ellos merecían hacer las paces.

Capítulo 7

En cuanto salió del aula, Miriam fue, primero, al baño. ¡A ver si le agarraban ganas cuando estaba en el sótano...! Ahí, seguramente, no había baño.

Después salió canturreando con disimulo como para volver al aula, pero cuando pasó por la puerta del sótano, giró y entró. Cerró con cuidado para que los chicos no pudieran escucharla y se quedó parada contra la puerta, conteniendo la respiración. No podía ver ni sus propios pies. Dio un paso cortito, con las manos extendidas hacia adelante para tantear cualquier obstáculo y se volvió a parar. Podía sentir los golpes de su corazón y escuchar el resoplido de su respiración de nariz tapada, como siempre. Esforzó el oído para escuchar las voces de los chicos, pero no oyó nada. Tanteó con el pie en busca de la escalera. Avanzó otro poco apoyándose en la pared. La mano se le enredó en una telaraña. Miriam empezó a sacudirse para sacársela. La tela se le pegó en la cara. Tuvo ganas de vomitar. Se detuvo y respiró lentamente tratando pensar en algo lindo para que se le pasara el asco y el miedo. Se imaginó la cara de los chicos cuando la vieran, las felicitaciones de la maestra, de la Directora, de su mamá...

Más tranquila, siguió avanzando, esta vez sin tocar las paredes, sólo tanteando con el pie. Encontró el pozo y se asustó cuando su pie pisó el vacío. Cruzó con cuidado por el tablón y llegó al primer escalón de la escalera. Abajo se veía un reflejo, sombras... Escuchó una voz. No entendía bien lo que decía, pero seguro que era la voz de Graciela.

Se detuvo para escuchar mejor. Desde su escondite no podía ver nada, pero si ponía atención, seguro que iba a oír lo que decían.

La voz de Graciela otra vez:

—Mirá si abrimos el cajón y encontramos un tesoro –Graciela estaba asomada sobre los otros tres que intentaban desenredar el cable, pero Miriam no podía verla.

—Si, claro, y vamos a ver a la Dire y le decimos: mire Dire, nosotros nos rateamos en la hora de Geografía, pero encontramos un tesoro, ¿no quiere un poquito? –se rió Paula.

—No, nena, no le decimos nada a nadie.

¡Con que habían encontrado un tesoro y se lo pensaban guardar...! ¡Ja! ¡Ahora van a tener que compartirlo conmigo!, pensó Miriam.

—¡Dale! En el cajón hay un tesoro, y vos sos una princesa embrujada –le dijo Federico a Graciela.

¡Federico le había dicho princesa! Graciela no lo podía creer, y Miriam se mordió un dedo en la oscuridad para no gruñir. ¿Princesa esa tarada? A Federico la humedad le había afectado el cerebro.

—Y cuando abrimos el cajón... te convertís en sapo –siguió Federico como si la hubiera escuchado.

—Y vos en microbio –le contestó Graciela furiosa.

—Y vos en cucaracha.

—Y vos en mosquito.

—¡Sííí...! ¡Soy el mosquito picador! ¡Psss! ¡Psss! –y zumbando, Federico empezó a perseguir a Graciela para picarla o para pellizcarla que era lo mismo.

Paula y Fabián se miraron. Ese juego no era para ellos. Fabián se encogió de hombros, Paula le sonrió. Esta vez el que se puso colorado fue Fabián y empezó a desenredar el cable a toda velocidad. Paula lo quería ayudar. Lo que desenredaba uno lo enredaba el otro.

¡Ufa! ¡Que idiotas!, pensaba Miriam. ¿No tienen nada mejor que hacer que correr y reírse? Eso para ella no era muy interesante. ¡Bah!... si pudiera ver lo que le estaba haciendo Federico a Graciela, a lo mejor sí. Pero no veía nada. Mejor bajar un poco más.

Bajó dos escalones y se sentó. Tampoco desde ahí podía ver, pero no se animó más por miedo a que la descubrieran.

Federico y Graciela se cansaron de correr y volvieron con los chicos.

Fabián había sacado el cable y abierto el cajón a pesar de la "colaboración" de Paula.

—¡Puaj! Todos papeles –dijo Graciela tapándose la nariz.

—¡Ay! ¡Nena...! ¡Ni que hubieras encontrado papel higiénico! –le contestó Fede.

—¡Qué asqueroso!

—¿Por qué? ¿Vos te limpiás con el dedo acaso? –insistió Federico.

—¡Cortála! –gritaron las dos chicas al mismo tiempo.

—¡Mirá... las finolis...! –se burló Federico imitándolas y se fue a ayudar a Fabián con el parlante.

Miriam se tapaba la boca para ahogar la risa. Se lo tenían merecido esas tontitas. Sobre todo Graciela que siempre se hacía la fina y traía modelitos abajo del delantal.

Graciela y Paula encontraron en el cajón una caja con tizas y se pusieron a dibujar la pared. Paula dibujó a la Foca, Graciela dibujó al Vice que le estaba dando un besito. Dibujaron a Fede y a Fabián con pantalones cortos y piernas llenas de pelitos.

Fede se dio cuenta de que las chicas estaban secreteando. Quería escuchar, pero sólo oía risitas. Lo dejó a Fabián con el parlante y se acercó a espiar justo cuando ellas estaban dibujando corazones.

—¡Ay! Corazoncitos... corazoncitos... –se burló.

Graciela y Paula taparon todo con la mano.

—Sacá la mano porque cuento, nena –amenazó Federico.

—¿Qué vas a contar? Si vos no sabés nada... –lo desafió Graciela.

—¡Que no sé...! Sí que sé... Yo sé que a vos te gusta un pibe que tiene rulitos y es alto... y tiene granitos en la nariz.

Paula y Graciela corrieron a taparle la boca. Federico aullaba y pedía auxilio como podía, pero otra vez Fabián no se daba por enterado.

Miriam bajó otro escalón más. Ahora sí que esto se ponía interesante. Conque secretitos de amor... ¡Bah!... Para ella no eran secretos porque sabía muy bien quién era el novio de Graciela... esta semana.

—Prometé que no vas a hablar –le ordenó Paula a Federico.

Federico levantó una mano en señal de promesa y las chicas lo soltaron. Fede corrió a la pared y empezó a escribir en el corazón con la G el nombre de Pablo.

—¡Tarado! –le gritó Graciela sacándole la tiza.

—¡Ayyy! Pablito... Pablitoo... –canturreó Fede–. ¿Cómo te puede gustar ese pibe, nena?

—Me gusta... ¿qué tiene?

—Que es un tarado.

—¿Y vos qué sabés? Para mi es re-lindo y re-dulce.

—¿Es tu novio? –le preguntó Fede tratando de parecer indiferente.

¡Cha-chan! Miriam bajó otro escalón. ¡Claro que era el novio!

—Más o menos –le contestó Graciela.

—¿Cómo más o menos? ¿Se te tiró o no? –insistió Federico.

—Sí... pero yo todavía no le contesté.

—¿Ves que es un tarado? –explicó Fede–. A mí me dijo que vos eras la novia y que te había dado un beso y todo.

Paula contenía la respiración. ¿Qué le importaba a Federico todo eso?

—¡Es un buchón! –dijo Graciela.

—Pero, ¿te besó? –insistió Federico.

Miriam bajó dos escalones más. Siempre había querido saber qué hacía Graciela con los chicos y ahora se iba a enterar.

—Sí –contestó Graciela sin mirarlo.

—¿En la boca? –le preguntó Federico.

—¡Nene! –intervino Paula. Federico estaba loco. ¿Qué se pensaba? ¿Qué su amiga era una loquita?

—¿Qué tiene? –se agrandó Fede– Yo tenía una novia a la que le daba besos...

¡Sí, se llamaba Marina, estaba en segundo año, y vivía a la vuelta de la estación! Federico había sido el héroe del grado esa semana, recordó Miriam. Y después de unos días lo dejó por uno de cuarto año que jugaba al básquet.

—Sí, pero era del secundario... –le contestó Paula a Federico.

—¡Más bien...! Por eso no me gustan las del grado, son todas unas pendejas.

—Yo no –dijo Graciela dejando a los dos con la boca abierta. A los tres, porque ni Miriam lo podía creer.

—Entonces, ¿te besó en la boca? –le volvió a preguntar Federico para convencerse de lo que había oído.

Graciela afirmó con la cabeza.

—¿Por qué no me lo contaste? –le reprochó Paula mortalmente herida de traición–. ¿Cuándo fue?

—En el cumple de Roxana...

Miriam no había ido a esa fiesta. Por eso no se había enterado. Así que besos en la boca... ahora tenía algo más para contar. ¡Con razón todos los chicos querían salir con Graciela! Hasta Federico iba a querer salir con ella.

—Contáme, ¿cómo es...? –le preguntó Paula a Graciela.

—¡Ay! ¡Es re-lindo! Te hace como una cosquilla en la panza... pero tenés que estar enamorada, claro.

Miriam no las escuchaba más. Se imaginaba que ella estaba bailando con Pablo en la casa de Roxana, que Pablo la tenía agarrada de la cintura y ella le rodeaba el cuello con los brazos, que la cara de Pablo cada vez estaba más cerca... y más cerca...

—¿Y a vos no te gusta ningún pibe? –interrumpió Federico, viendo que se quedaba afuera de la charla de las chicas.

—No te pienso decir –le dijo Paula.

—¡Dale...! ¿No somos cuatro amigos que tenemos un secreto que no le vamos a contar a nadie?

—Y... sí.

—Bueno, entonces me lo podés contar –le dijo Federico. Y lo decía en serio. Él no era como Miriam que andaba desparramando por ahí todo lo que escuchaba.

—Bueno, sí –se animó Paula– pero ni te pienso decir el nombre.

—El apellido –arriesgó Fede.

—No, nene.

— ¿Con qué letra empieza? –insistió.

—No, ¡basta! No te voy a decir nada.

Federico resignado saltó a Fabián.

—Che, genio, ¿y vos estás enamorado?

—Por supuesto –contestó Fabián.

Paula contuvo la respiración. La miró a Graciela y después apretó fuerte los ojos y empezó a rezar todas las oraciones juntas que había aprendido en el catecismo. Si Fabián decía que estaba enamorado de ella, se moría ahí mismo... y si decía que estaba enamorado de otra, también se moría ahí mismo.

— ¿Y de quién, si se puede saber? –le preguntó Federico que no creía que Fabián pudiera estar enamorado de nadie.

—De mi computadora.

Paula abrió los ojos. Sólo a ella podía gustarle ese marciano con anteojos.

—¡Salí con las chicas! –siguió Fabián–. No saben hacer nada, hablan todo el día, lloran por cualquier cosa...

—¿Y ustedes qué? –le contestó Graciela–. Se la pasan todo el día empujando, son unos brutos.

—Sí, pero somos unos genios –la interrumpió Fabián.

Y diciendo esto fue hasta el parlante.

—Escuchen –dijo. Apretó play y un rock se desparramó por el sótano.

¡Genio, Fabián! ¡Cómo sonaba eso! Bajaron un poco el volumen por miedo a que se escuchara desde afuera y se pusieron a bailar. No se habían imaginado que en el sótano iba a haber un baile. El mejor que habían tenido: los cuatro solos, sin plomos, sin viejos y sin que nadie pudiera verlos. Se habían olvidado del miedo. Se habían olvidado del mundo. Se habían olvidado hasta de los mapas de la Foca y Federico cantaba subido a una mesa con un viejo micrófono destartalado.

Capítulo 8

La Foca terminó de dibujar los ríos de Francia y dijo:

—Miriam... borre el pizarrón.

—¡Espere! ¡Espere que no terminé! –pidieron muchos de los chicos.

—Lo copian de un compañero. Si todavía no terminaron es porque estuvieron papando moscas –dijo la Foca–. Miriam, borre.

La Foca se sentó en su silla detrás del escritorio. Siempre se tomaba un descansito después de dibujar. Los chicos decían que era porque le dolían los juanetes. Después del descanso, ya sabían: la Foca dictaba... y dictaba a mil.

—Miriam... ¿no me escuchó? –repitió la Foca.

Los chicos se miraron. ¿Le decían o no le decían? No pensaban en lo que pudiera pasarle a Miriam, que bien se merecía un reto, pensaban en el sermón que se iban a comer ellos por la demora de Miriam.

Roxana se levantó y empezó a borrar el pizarrón. A lo mejor la Foca, que era bastante ciega, no se daba cuenta de la diferencia.

—Miriam... –dijo la Foca mirándola–. Usted no es Miriam. ¿Es Miriam?

—No, señorita. Soy Roxana.

—Pues entonces, ¿quién lo tiene? –se escuchó decir a Martín por lo bajo. Roxana lo fulminó con la mirada, pero la Foca no lo escuchó.

—¡¿Y por qué está borrando el pizarrón?! –tronó la Foca.

—Porque... Miriam está en el baño.

—¿Y quién le dio permiso para ir al baño? –preguntó la Foca.

—Usted –le contestó Roxana con un hilito de voz.

—¿Ustedes no saben que deben ir al baño en los recreos? –empezó a sermonear–. Vaya a buscarla.

Sonamos, pensaron los chicos. Y no se equivocaban. La Foca empezó con la cantinela del "no se puede salir del aula en horas de clase, el recreo es para ir al baño, ya no están en jardín y se pueden aguantar" y un montón de tonterías más que los chicos ya habían escuchado mil veces. Por suerte, Roxana volvió pronto, pero sin Miriam.

—¿Cómo que no está? –preguntó la Foca desconfiada–. Vaya otra vez y fíjese bien.

Roxana volvió a salir y la Foca sacó su cuaderno sucio y viejo para empezar a dictar.

—Con un poco de suerte, se fue por el inodoro –le dijo Martín a Juani.

—¡Silencio! –gritó la Foca. El día no estaba para bromas.

Roxana apareció en la puerta del aula. Casi no se atrevía a entrar.

—Pase y siéntese –le dijo la Foca cuando la vio.

—Seño, Miriam no está en el baño –volvió a decir Roxana.

—Por favor, m'hijita, no diga estupideces –fue la respuesta furiosa de la Foca–. Esperen en silencio.

Y diciendo esto, salió del aula. Todos se tiraron arriba de Roxana para que les contara lo que había pasado. Pero Roxana no podía decir mucho. Sólo había buscado a Miriam baño por baño y no la había encontrado. ¿Estaría con los chicos? Todo venía saliendo tan bien, y esa gorda tonta había tenido que arruinarlo, como siempre.

—¡La Foca! –gritó Marina, que hacía de campana en la puerta.

Todos volvieron a sus lugares saltando por arriba de los bancos, pero recibieron a la Foca con cara de santos, carpeta abierta y lápiz en mano.

La Foca pasó la puerta y caminó despacio hasta el escritorio. Estaba pálida. Se dejó caer en la silla. No miraba a nadie, ni siquiera parecía escuchar el murmullo de los chicos. Hasta ellos se preocuparon al verle la cara.

—¿La encontró, seño? –preguntó Martín.

—Roxana, busque a la señora Directora y pídale que venga –fue toda la respuesta de la Foca.

No dijo nada más. Los chicos tampoco. Esto ya no era divertido. Con la intervención de la Directora había pasado de broma a tragedia. La Foca sólo miraba la pared que tenía enfrente. ¿Por qué a ella tenía que pasarle esto? Veinticinco años de servicio intachable. Asistencia perfecta. Concepto sobresaliente. Jamás una llamada de atención. ¿Por qué a ella se le tenía que perder de su clase nada más y nada menos que la hija del Presidente de la Cooperadora? Iba a terminar su carrera con un sumario. ¿Por qué esa injusticia? A los chicos les dio un poco de lástima verla así... parecía casi humana.

Entró la Directora seguida por Roxana. Sin golpear la puerta, cruzó sus ochenta kilos enfundados en delantal almidonado por delante de los chicos, haciendo repiquetear los tan conocidos zapatos de taco alto. La Foca se paró. Los chicos también.

—Bue-nos dí-as se-ño-ra Di-rec-to-ra –saludaron con el aburrido cantito de siempre.

Ella les hizo un gesto con la mano para que se sentaran y se puso a hablar con la maestra. Aunque hablaban bajo, los chicos podían escuchar cómo la Foca le explicaba lo sucedido, cómo la Directora le preguntaba si había buscado por todo el colegio, cómo la Foca preguntaba si había que llamar a la casa de Miriam y la Directora decía que primero había que buscar bien, y cómo la Directora preguntaba si era la única que faltaba en el aula...

Todo el grado dejó de respirar.

—Por supuesto, señora –contestó la Foca casi ofendida– si hubiera faltado alguien más, en seguida me hubiera dado cuenta.

—No se enoje, Elvira –la tranquilizó la Directora–. Sólo le pregunto para ver si descubrimos dónde está. Continúe con la clase. Yo me ocupo. En la tarde hablaremos de esto –dijo dirigiéndose a los chicos.

Cuando la Directora estaba por salir, llegó Margarita, la portera.

—Permiso, señora –dijo asomando la cabeza por la puerta sin entrar–. Traigo un mensaje para Federico Soria.

—Federico... –llamó la Foca.

El desastre era total. Ya no había salvación.

—Federico, ¿no me escuchó? –repitió. Sólo obtuvo un silencio tenso por respuesta–. Federico está ausente –le contestó a Margarita.

—No puede ser –dijo Margarita– porque yo le venía a avisar que la mamá llamó por teléfono para decirle que se quedara a almorzar en la escuela, porque ella no iba a llegar a tiempo como le había dicho.

—Elvira –intervino la Directora–, ¿por qué no pasa lista?

La Foca sacó el registro y empezó a cantar desde Agopian para abajo los treinta apellidos del grado. Dos ausentes: Fernández y Zorzoli, veintitrés presentes, y cinco presentes pero ausentes sin aviso: Federico Soria, Graciela Reboledo, Fabián Levin, Paula Capuzotti y Miriam Reinoso.

El desastre era total.

Capítulo 9

Miriam despertó de su sueño con la música. Le pareció una buena oportunidad para bajar. Con semejante batifondo no iban a escuchar ningún ruido y, a lo mejor, se podía esconder abajo en algún lugar que le permitiera ver mejor. Aunque si iban a bailar todo el tiempo no había nada interesante para ver... salvo que se dedicaran a los lentos.

Caminando en cuatro patas para atrás, empezó a bajar la escalera. Las maderas chirriaban, pero la música estaba bastante fuerte y los chicos muy entretenidos. De pronto una telaraña pegajosa se le enredó en el pelo. Miriam hizo un gesto brusco con la mano hacia atrás y perdió el equilibrio. Resbaló dos o tres escalones y pudo sostenerse. Se había raspado las rodillas y un codo.

—¡Pará! ¡Pará eso! –lo escuchó gritar a Federico.

La música paró de golpe. Miriam se quedó inmóvil. Estaba mal apoyada. El pie se le resbalaba por una madera floja. Miriam lo levantó con cuidado y trató de apoyar la rodilla en el escalón de más arriba. La madera crujió.

—Me parece que alguien está bajando la escalera –susurró Federico–. Dame la linterna.

—¿Qué linterna? A mí no me dieron ninguna linterna –le contestó Graciela.

—Mejor nos vamos –dijo Paula.

—¡Estás loca! No nos podemos ir ahora. Vení, vamos a escondernos –le contestó Fabián arrastrándola de un brazo debajo de unos bancos.

Federico apagó la luz y fue a unirse a ellos junto con Graciela. Se quedaron inmóviles, tratando de ver a través de la oscuridad y de las patas de los bancos. Graciela encontró una manta y los cubrió a todos con ella. El olor a tierra y humedad les daba ganas de estornudar. Se escuchaban chirriar los escalones. Paula sollozaba.

—¿Estás llorando? –le preguntó Fabián tan bajito que ni Federico ni Graciela lo escuchaban.

—Es que si mi mamá y mi papá se enteran, me matan.

—No se van a enterar –la consoló Fabián sin demasiada convicción.

—Si nos descubren acá abajo, sí –sollozó Paula.

—Si nos descubren acá abajo, les decimos que vos no querías venir, que te trajimos por la fuerza –dijo Fabián haciéndose el héroe.

—Pero yo no quiero que te reten a vos –susurró Paula.

—Y yo tampoco quiero que te reten a vos –dijo Fabián. Los dos se agarraron de la mano y se quedaron así, con las manos apretadas, sin mirarse.

Los escalones seguían crujiendo. Graciela sacó

la cabeza de abajo de la manta y espió por entre las patas de los bancos.

—Es Miriam –dijo tapándose otra vez.

—¡Qué porquería! –dijo Federico rabioso–. ¿Cómo nos descubrió?

Un ruido fuerte lo interrumpió.

—Se hizo pelota –aclaró Federico y los otros no pudieron contener una carcajada.

Era cierto. Miriam había bajado los tres últimos escalones en tobogán y había aterrizado contra el suelo.

—¿De qué se ríen, estúpidos? –les gritó–. Salgan o subo y le cuento a la Dire que están acá.

Federico agarró una lata que tenía cerca y se la tiró. La lata no le pegó, pero hizo el ruido suficiente para que Miriam saltara del susto.

—¡Ay! Qué graciosos... –se burló.

Federico agarró la manta y, dejando a sus compañeros al descubierto, se la echó encima y avanzó hacia ella haciéndose el fantasma. Por supuesto que Miriam sabía que era Federico... o Fabián, que ahí no había ningún fantasma... pero esa sombra avanzando en la oscuridad le daba miedo. Hacia atrás tenía la pared y hacia los costados, ¿quién sabía? Pegó un salto hacia Federico para intentar sacarle la manta, pero le salió mal. Fede, en un movimiento rápido, pasó la manta de su cabeza a la cabeza de Miriam, y la rodeó con los brazos para que no se la pudiera sacar.

Los otros vinieron en su ayuda. Miriam gritaba con desesperación. Se lo tenía merecido, por metida. ¿Para qué había bajado?

—Ahora te van a pasar cosas terribles... –le dijo Federico, sin soltarla–. Te vamos a meter una rata en la zapatilla.

—Y te vamos a hacer comer sopa de cucarachas –agregó Fabián.

Miriam luchaba con fuerza para soltarse, pateándolos, revolcándose y a duras penas la podían sostener entre los cuatro.

—Te vamos a pegar mocos...

—¡¡¡Suéltenme!!! –gritaba Miriam, mientras mordía, escupía y arañaba.

—Paren, che –se impuso Graciela– ya está bien, soltémosla.

—¡Está bien! –le gritó Federico para que Miriam parara de gritar y lo escuchara–. Te vamos a soltar, pero ni bien te soltamos, te vas tan rápido como viniste.

Los chicos la soltaron de golpe. Miriam se desenroscó la manta con furia, se la tiró a Federico y corrió a la escalera.

—¡Me voy! ¡Claro que me voy! –les dijo–. ¡Pero ni bien suba, voy a contar todo!

—Si vos llegás a contar algo, vas a ver lo que te va a pasar –la amenazó Federico.

—A mí no me va a pasar nada, pero a ustedes... ¡los van a echar del colegio! –gritó Miriam desde la escalera.

—Pará, Miriam, no te vayas –le pidió Paula.

—¿Estás loca, nena? Si se queda acá lo arruina todo –se enojó Federico.

—Pero si cuenta algo, nos van a echar –le contestó Paula.

—Tiene razón, que se quede –intervino Graciela.

—¿Ves? ¿Para qué vinimos con minas? –le dijo Fede a Fabián–. Son todas unas cobardes.

—No somos cobardes, ¡pero a vos no te importa nada! –le gritó Graciela.

—Paren, che, no se peleen –dijo Fabián–. Vamos a deliberar. Esperen que prendo la luz.

Fabián prendió la luz y, dejándola a Miriam en la escalera, se fueron a un rincón más apartado para poder hablar tranquilos. Miriam, sentada en la escalera, vislumbró la posibilidad de quedarse con ellos. ¡Y la idea no se le había ocurrido a ella! Había sido de Paula, ¿qué tal? No había esperado que le saliera tan bien. Ella sólo había planeado espiarlos para después ir y contar dónde estaban, pero esto de compartir la rateada al sótano con sus compañeros era realmente fantástico. Total... después podía explicar para qué había bajado. No le podía pasar nada. Sus compañeros no iban a delatar su ausencia del aula, porque si no, saltaba todo. Podía estar tranquila. Y si estos cuatro estúpidos la echaban de ahí, ella sabía cómo vengarse.

—Votemos –propuso Fabián, una vez que los cuatro estuvieron acomodados entre unos paquetes de carpetas– ¿Quién quiere que se quede?

Las chicas se miraron: que se quedara, que se quedara... ninguna de las dos quería, pero estaban seguras de que Miriam los iba a buchonear en cuanto subiera. Era la única posibilidad de salvarse. Levantaron la mano.

—¿Y quién quiere que se vaya? –preguntó Fabián.

Federico levantó la mano.

—Ganamos –dijo Graciela.

Pero Federico se dio cuenta de que Fabián no había votado. Repitieron la votación: empate. Fabián propuso todas las estupideces que se le ocurrieron: tirar una moneda, hacer piedra, papel y tijera... pero ninguna solución parecía servir para decidirse.

—¿No se dan cuenta que si la gorda se queda no podemos hacer nada, no podemos hablar de nada, porque después va y cuenta todo? –argumentó Federico.

—Sí, pero si sube y cuenta, nos echan de la escuela –le dijo Paula.

—¿Qué me importa? –dijo Fede–. Si me echan de esta escuela, me voy a otra que sea mejor que esta escuela de porquería.

—Todas las escuelas son de porquería –bromeó Fabián sin que a nadie le causara gracia.

—Ese no es el problema –dijo Paula al borde del llanto–. Lo que pasa, es que si mi mamá y mi papá se enteran, me van a encerrar en mi casa como si fuera una cárcel... no me van a dejar ir a los bailes, ni a la casa de nadie... me van a llevar y traer de la escuela. Voy a vivir el resto de mi vida en penitencia, ¿se dan cuenta? Y... además... yo no quiero cambiarme de escuela y no verlos nunca más.

—Eso nadie lo quiere –dijo Federico.

—Vos parece que sí –le contestó Graciela.

—¡No! ¡Yo tampoco quiero eso! Pero prefiero cualquier cosa antes que se quede acá esa buchona.

—¡Sos un egoísta! –le gritó Paula–. Si Miriam se va, yo me voy con ella.

—¡Y yo también me voy! –dijo Graciela agarrándose del brazo de Paula.

—¡Ma' sí! ¡Váyanse! ¿Quién quiere estar con ustedes? –les contestó Fede.

Fabián se desesperaba pensando en cómo frenar la pelea. Su buena idea de votar no había servido para nada y, ahora, estaban todos demasiado furiosos para aceptar otra propuesta. Al final la idiota de Miriam había arruinado todo.

—Yo creí que vos eras mi amigo –le dijo Graciela a Fede–, pero vos no sos amigo de nadie.

—Peor amiga sos vos, que vas a ir arriba a alcahuetear todo –le gritó.

—¿Vos qué te creés? ¿Que yo soy como la gorda? –gritó más fuerte Graciela. Pero no pudo terminar, porque Miriam se abalanzó sobre ella y la agarró de los pelos.

Graciela lloraba, Miriam gritaba que ella no era ninguna gorda y los chicos trataban de separarlas. Entre los dos lo lograron. Miriam, furiosa, no era chiste. Federico la agarró de un brazo y la empujó hasta la escalera.

—Mira, piba –le dijo–, vos podés subir y decir que me viste en el sótano. Decí que te violé también, así tienen más motivos para echarme, pero si vos llegás a nombrar a Paula, a Graciela o a Fabián... si a ellos les llega a pasar algo... te juro, que donde te encuentre, te reviento. ¡¿Me entendiste?!

Federico terminó su amenaza con un empujón que arrojó a Miriam sobre la escalera. Miriam se levantó, se arregló el delantal y el pelo y por toda respuesta le dijo:

—Okey, Batman.

Después de la pelea, el silencio del sótano parecía más silencio. Habían descendido al fondo de la tierra y estaban solos con su bronca, su angustia, su miedo... y sin saber qué hacer. Miriam estaba asustada. Parada junto a la escalera, no se animaba a irse, pero tampoco a quedarse. De tanto en tanto se escuchaban los sollozos de Graciela en los brazos de Paula. Alguien tenía que hacer algo. ¿Pero qué? ¿Subir todos? ¿Quedarse? ¿Dejar que Miriam se fuera...?

Todas las posibilidades parecían igualmente malas.

Fue Paula quien rompió el silencio:

—Paren... esto no es justo –dijo–. Esto lo planeamos entre todos.

—Sí, pero a ustedes les va a traer un despelote bárbaro con sus viejos –dijo Fede.

—¡Ah! ¿Qué? ¿A vos te van a felicitar? –le contestó Fabián.

—No. Pero seguro que no les importa.

—¡Claro! Como están separados... –aprovechó a decir Miriam.

Los chicos la miraron con odio. Silencio otra vez. Federico pensó que ya todo estaba arruinado. No tenía sentido seguir ahí, pero él no pensaba subir. No le iba a dar el gusto a esa idiota. Él no se asustaba con sus amenazas. Igual, si subía ahora o después, era lo mismo. Seguramente lo iban a echar de la escuela. Miró a Paula, miró a Fabián, miró a Graciela... Los iba a extrañar. ¡Qué gorda imbécil!...

—Bueno... qué hacen, ¿se van o no? –dijo.

Lo sorprendió la voz de Paula:

—Que se vaya Miriam sola y que cuente lo que quiera.

¡Vamos con la enanita! Eso sí que era ser valiente. Paula sí que iba a tener problemas... ¡y se había animado! Tuvo ganas de correr y darle un beso, pero no iba a ser tan flojo, así que le tiró un bollito de papel como agradecimiento.

Paula lo entendió, porque le sonrió.

—¿Están seguros? –preguntó Miriam. ¡Enana estúpida! No sabía lo que le esperaba. La iba a reventar cuando subiera. En el mejor momento, a Paula se le ocurría hacerse la piola. Ella le tenía un poco de miedo a Federico. ¿Pero a Paula...?

—¡Andáte, nena, de una vez! –le gritó Fabián.

Parece que estaba decidido. Muy bien. Ellos lo quisieron. A Miriam Reinoso nadie la echaba así porque sí.

—Tienen cinco minutos de vida –les dijo. Y empezó a subir la escalera.

Capítulo 10

—Muy bien –dijo la Directora parándose frente a los bancos–, los escucho.

María Sol tosió. Marina también tosió. Después tosió Martín. Todo el grado tosía en una repentina epidemia de gripe. Hasta hubo alguno que se sonó la nariz con mucho ruido. Si la Dire los quería escuchar, los estaba escuchando... toser.

—¡Se terminó la tos! –aulló la Foca... y se puso a toser. Pero la cara de la Directora no daba para risas. Las toses se fueron callando (todas menos las de la Foca) y el silencio fue total.

—Chicos, les estoy preguntando dónde están sus compañeros –reiteró la Directora– y sé que ustedes lo saben.

¿Así que ahora todos eran cómplices? ¿Cómo podía saber ella si ellos lo sabían o no? Siempre sabía todo. Sabía lo que a ellos les pasaba, lo que era mejor para ellos, lo que tenían que hacer y que decir y que pensar. Todo lo sabía. Y siempre se equivocaba, como esta vez. En el grado nadie sabía nada, pero no les iban a creer.

—Chicos –insistió la Directora–, si esto no se resuelve antes de que toque el timbre, voy a tener que citar a los padres de todos y va a ser peor.

A la Foca se le redobló la tos. Los chicos se miraban entre ellos. ¿Quién hablaba? Y peor... ¿qué decían? Las miradas recayeron en Martín.

—Nosotros no sabemos nada, señorita –dijo y, la verdad, que no sirvió de mucho.

—¿Me van a decir que ustedes no sabían que faltaban del aula cinco compañeros? –preguntó la Directora.

—Sí, pero nada más –contestó Roxana.

—¿Y se puede saber por qué no me lo avisaron? –tosió la Foca.

Esa sí que era una pregunta estúpida que tenía una sola respuesta: "Porque no somos buchones...", pero, por supuesto nadie respondió.

—Yo les voy a decir por qué no me avisaron –se contestó la Foca sola–: No me avisaron porque tenían miedo de ser malos compañeros. Sepan... que "esto" es ser un mal compañero. Apañar al que se comporta mal, es ser mal compañero. ¿Ustedes pensaron que puede haberles pasado algo? ¿Eso es ser buen compañero?

Chau... se largó el sermón: y que el peligro, y que la responsabilidad, y que la familia, y que el deber de la escuela, y que dónde están sus compañeros.

—Le juro, señorita, que no lo sabemos –insistió Roxana.

—¡No jure! –gritó la Foca fuera de sí–. Saquen el cuaderno de comunicaciones. Puede ser que así digan algo –le dijo, por lo bajo, a la Directora.

—Esperen. Elvira, venga un momento –pidió la Directora–. Se quedan en perfecto silencio. No quiero escuchar ni un murmullo.

No habían terminado de salir cuando ya todo el mundo estaba hablando.

—Son unos tarados –dijo Marina–, ahora nos van a reventar a todos.

—Si no era por Miriam, nadie se daba cuenta –le contestó Martín.

—La odio, la odio, la odio –decía María Sol–. Le voy a arrancar los pelos.

—Che, ¿y si le hacemos algo en la carpeta? –propuso Juani.

—¿Estás loco? –lo frenaron–. A ver si tenemos otro lío más.

—En serio... ¿nadie sabe a dónde se fueron? –preguntó Ramiro.

Todos contestaron que no con la cabeza.

—Pero el escondite debe estar buenísimo, ahora lo podemos usar todos –dijo Martín.

—Ahora no lo puede usar nadie más, salame –le contestó Juani.

—Para mí, se fueron a la casa de Fede –dijo Marina.

La mayoría opinaba que debían estar en el colegio.

A todos les extrañaba que Paula se hubiera animado. ¿Los echarían de la escuela? Nadie se atrevió a contestar. Que echaran a Miriam no le importaba a nadie... mejor. Pero a los otros... No, no los podían echar por eso. Ratearse no era tan malo. Aunque al hermano de Nicolás lo habían echado por eso... Del secundario, claro. Sí, eso era distinto.

Si los querían echar, ellos podían hacer una nota firmada por todos. Pero al viaje de egresados podían ir igual, eso nadie se los podía prohibir. No, no los podían echar.

—Hay que echarlos de la escuela –le dijo la Foca a la Directora mientras caminaban por el pasillo hacia la Dirección.

—Primero hay que encontrarlos –le contestó la Directora.

En la Dirección hablaron con el Vice. Decidieron que, antes de avisar a los padres, iban a descartar la posibilidad de que estuvieran en el colegio. Pensaron en buscarlos ellos tres para no alterar a toda la escuela con el asunto.

Y ahí fueron. Sólo les faltaba la lupa. Cada uno de los tres revisó un sector. Patios, baños, bibliotecas, aulas, armarios... todo quedó registrado. Los chicos y los maestros estaban un poco sorprendidos de ver entrar al Vice o a la Dire al aula, pedir permiso y abrir los armarios, mirar debajo de los bancos o correr las cortinas e irse sin dar mayores explicaciones. ¿Qué? ¿Se les había dado por jugar a las escondidas?

¡Piedra libre para la Dire que está en el armario de Quinto! Aunque no querían alborotar la escuela, la escuela se alborotó sin que nadie supiera qué pasaba.

El sector del sótano le tocó a la Foca. Revisó los baños, el patio, y cuando pasó por la puerta del sótano siguió de largo, segura de que siempre estaba cerrada con llave. Al terminar su recorrido y no haber encontrado nada, volvió a pasar. Esta vez dudó. La empujó. La puerta chirrió y se abrió. Una bofetada de olor a humedad y telas de araña le pegó en la cara. Le volvió el acceso de tos. Cerró la puerta y siguió su camino. El sótano estaba muy oscuro. Ningún ser humano podía meterse ahí.

Volvieron a encontrarse en la Dirección. Sin novedades.

—Bien –dijo la Directora–. Traiga los números de teléfono.

—Pero, señora... –protestó la Foca– ¿no podríamos esperar un rato más? A lo mejor vuelven solos y no hay por qué alarmar a los padres.

—Y a lo mejor no vuelven y los padres vienen a preguntarle a usted dónde están sus hijos –le contestó la Directora.

—No, claro... yo no digo que no hay que avisar... pero, ¿tan pronto? –dijo la Foca–. A lo mejor les evitamos el disgusto.

La Foca temblaba de sólo pensar en la cara de los padres y en las explicaciones que no iba a poder dar.

¡Y el Presidente de la Cooperadora! Los chicos eran un infierno, ella siempre lo había dicho. Eran demonios. Sólo ella sabía la paciencia que había que tenerles. ¡Mocosos del diablo! Ya se la iban a pagar.

—Elvira, por favor, traiga los teléfonos –ordenó la Directora.

Capítulo 11

Sentados en el sótano, los chicos escucharon crujir los escalones bajo el peso de Miriam subiendo la escalera. Cada paso era una amenaza. Cada paso era un reto, una penitencia, una prohibición. Cada paso era el fin de la aventura. El sótano ya no era un refugio cálido; era un lugar húmedo y frío donde sucedería lo peor. Sonó el último escalón.

Federico miró a sus compañeros. Se le mezclaba adentro la bronca y una tristeza pegajosa, que nunca antes había sentido... Ahora sus compañeros se iban a ir lejos y no iba a ser lo mismo. Él sabía que no era lo mismo. Lo vio a Fabián revisando su control remoto. Pensó que el marciano siempre iba a ser poco práctico. Vio a Graciela y a Paula, agarradas de la mano, mirando el suelo. Vio una lágrima que caía despacito por la cara de Graciela y se llevó la mano al bolsillo para prestarle el pañuelo. No tenía. Nunca traía pañuelo, es cierto. Se levantó corriendo y se acercó a la escalera.

—¡Miriam! –gritó–. Te podés quedar.

Los otros se miraron y buscaron con los ojos a Federico, pero él ya estaba sentado sobre un banco hojeando una revista vieja como si nada le importara.

Después de todo, a él, le daba lo mismo.

Se escuchó la voz de Miriam que venía bajando como una manada de toros.

—¡Je! –dijo–. ¡Yo sabía que iban a entrar en razones! Yo siempre dije que Federico era el único inteligente...

Nadie le contestó. Bueno, esa no era su idea de pasar un rato divertido en el sótano.

—¿Jugamos a algo? –propuso.

Tampoco esta vez le contestaron. Muy bien, si ellos se pensaban aburrir, ella no. Empezó a recorrer el sótano o, mejor dicho, la parte iluminada del sótano o, mejor aún, empezó a revolver todo, justo por donde los chicos estaban sentados. Desató carpetas, leyó lo que decían en voz alta, abrió cajas, cantó "Aquí está la bandera idolatrada" sacudiendo una escarapela por arriba de todos. A lo sumo la apartaban y seguían en lo suyo. Se asomó por el teatro de títeres.

—Señoras y Señores –anunció poniendo voz de pito–, aquí están las últimas informaciones para este boletín: Cuatro niños de 7° B se han rateado de la hora de Geografía. ¡¡¡Eso no se hace!!! Pero una de nuestras mejores espías los ha descubierto. La genial... ¡Miriam Reinoso! ¿Y dónde estaban? ¿Saben ustedes dónde estaban? ¡En el sótano del colegio! Miriam Reinoso los pescó justo cuando se estaban repartiendo droga. Los cuatro chicos, borrachos por la droga, se dedicaban a... a...

Federico le tiró una carpeta, pero Miriam se agachó a tiempo y las hojas se desparramaron contra el teatro de títeres.

—Se dedicaban a besarse –dijo Miriam asomando la cabeza por última vez.

Nadie la miraba. ¿Qué tenía que hacer para que le dieran bolilla? Federico seguía con la revista, Fabián con el control remoto, ¿y las chicas? ¿Dónde se habían metido? Recorrió el lugar y las vio en un rincón, cuchicheando. Seguro que si se habían ido tan lejos era para contarse algún secreto. A escuchar se ha dicho, pensó Miriam, y haciéndose la distraída se fue acercando. Graciela y Paula se estaban peinando y pintando y hablaban muy bajito.

—¿A vos te gusta Fede? –le preguntaba Graciela a Paula una vez que se sentaron lejos de los chicos.

—¡No! ¿Estás loca? –le contestó Paula mientras se deshacía la trenza.

—A mí sí –dijo Graciela y empezó a desenredarle el pelo.

—Esperá que se lo digo –bromeó Paula, amagando a pararse.

—¡No! ¡Nena! –dijo Graciela sentándola de un tirón de pelo–. Antes me parecía re-plomo. ¿Te acordás cuando nos ponía la traba cada vez que pasábamos por el banco?

—¿Y en quinto, cuando nos sacaba las figu? –recordó Paula.

—Pero ahora está re-lindo.

Las dos se quedaron en silencio. Graciela enlazaba la trenza de Paula.

—A mí, el que me gusta, es Fabián –dijo Paula de repente.

—¡Es un marciano! –se rió Graciela.

—Sí, ya lo sé.

—¿Y él lo sabe? –le preguntó Graciela.

—¿Que es un marciano?

—No, nena, que vos gustás de él.

—¡No! ¿Cómo va a saberlo?

—Pero si no se lo decís no se va a enterar nunca –dijo Graciela–, es más distraído...

—Ya sé –le dijo Paula–, pero no sé cómo hacer.

Graciela se puso de rodillas y tomándole la mano a Paula como si fuera Fabián le dijo:

—¡Oh, Fabián!... Yo soy el pacman de tus sueños.

—Mi corazón hace cortocircuito por ti –agregó Paula.

—Cada vez que te veo, se me tilda la compu.

Se tentaron y estuvieron, como siempre en esos casos, un rato largo diciendo pavadas que no podían ni empezar ni terminar por la risa.

Los chicos, por suerte, no podían escucharlas.

Pensaron varias formas de hacer que Fabián se enterara, hasta que Graciela propuso que le escribieran una carta.

Paula nunca le había escrito una carta a un chico, ni tampoco había recibido ninguna. Su mamá la hubiera retado, seguramente, de encontrarle alguna cartita. Estaba convencida de que no iba a tener novio hasta que fuera grande. Al menos, su mamá decía que eso era lo correcto. Pero Fabián le gustaba... desde Cuarto. ¿Y si le mandaba una carta y no la leía? ¿Y si la leía y le parecía una estupidez? ¿Y si le gustaba otra chica? Finalmente, Graciela logró convencerla y se pusieron a escribir en un papel pisoteado que limpiaron lo mejor que pudieron.

—Querido Fabián –dictó Graciela–, me gustás mucho.

—¿Cómo le voy a poner eso? –protestó Paula.

—Querido Fabián –volvió a empezar–, gracias por el manual que me prestaste ayer...

—Ahí está mejor

—Me gustás mucho –insistió Graciela.

—¡No le puedo poner eso!

—¡Pero si es lo que le querés decir...! Bueno, esperá –Graciela pensó un poco y siguió dictando–. Querido Fabián: gracias por el manual que me prestaste ayer. Sos un pibe re-copado y cuando te sacás los anteojos...

Ahí Paula la interrumpió otra vez:

—¿Anteojos va con hache?

—Sí, con hache y con zeta.

—¿Y la zeta dónde la pongo?

—¡Sin zeta, nena!

—¿Ves? Ahora tengo que tachar.

—Hacele un corazoncito y listo –le dijo Graciela y siguió dictando– ...y cuando te sacás los anteojos tenés unos ojos re-lindos. Me gustaría ser...

—Ojo con lo que vas a decir –le dijo Paula.

—¡Ufa! Me gustaría ser tu amiga. ¿Está bien? Bueno, ahora firmala y hacele un dibujito.

Cuando estaba por hacer una florcita, Paula sintió que le arrancaban el papel de la mano. Pegó un grito, pero no pudo detener a Miriam, que ya corría por el sótano agitando la carta y gritando:

—¡Carta de Paula para Fabián! ¡Carta de Paula para Fabián!

Graciela y Paula la persiguieron pero no se la pudieron sacar y los chicos no se esforzaron demasiado porque, en realidad, querían saber lo que decía la carta. Miriam logró esquivarlos a todos y se asomó, una vez más, por el teatro de títeres. Paula corrió a un rincón y se tapó la cara. Graciela hizo un nuevo intento de arrancarle la carta, pero se quedó con un pedacito de papel en la mano y se dio por vencida. Los chicos escuchaban.

Miriam leyó la carta con voz de títere, haciendo suspiritos y tirando besitos en el medio. Paula, colorada de vergüenza deseaba que se abriera la puerta y apareciera la Foca. Cualquier cosa antes que mirar otra vez a Fabián. ¿Por qué le había hecho caso a Graciela? Había sido una tonta. Es cierto que había escrito la carta, pero todavía no había decidido si se la iba a dar o no. Ahora, no sólo lo iba a saber Fabián, sino todo el grado. Al final Fede tenía razón: Miriam lo arruinaba todo.

De pronto, escuchó lo que estaba leyendo: –Me gustaría ser tu novia.

—¡Mentira! –gritó Paula.

—Acá dice eso... –le contestó Miriam rompiendo la carta.

Paula quería romperle la cabeza a Miriam como ella había roto el papel. Apretó los labios y se quedó inmóvil, mirando la pared; no quería darse vuelta nunca más en su vida. Federico y Graciela se miraron. En realidad, ellos habían sido un poco culpables. Fabián también estaba todo colorado. Se acercó a Paula. No sabía qué hacer, ni qué decirle. Él también gustaba de Paula desde hacía mucho. Era lo que más le gustaba, después de su computadora, claro. Montones de veces le había regalado dibujos hechos en la compu, pero nunca le había dicho nada. Se acercó a ella despacito. Se paró al lado y de golpe, se animó y le dio un beso en la mejilla... que en realidad fue en la oreja. Paula ardía de vergüenza. Suerte que en el sótano había poca luz. No se animaba a darse vuelta. ¿Lo habrían visto los demás? Fabián seguía ahí parado. ¿Le tenía que dar un beso? Lo miró de reojo. Fabián se había sacado los anteojos. Tenía unos ojos re-lindos en serio.

Federico se pudrió de tanto romanticismo y, de repente, se puso a cantar la marcha nupcial. Graciela lo siguió.

—Y ahora –gritó Fede– ¡Vamos a casarlos!

Capítulo 12

La Directora hizo pasar a la Dirección al papá de Miriam, al papá de Fabián y a la mamá de Paula y los invitó a sentarse. A los padres de Federico y de Graciela no los habían encontrado. Mandó a buscar a la Foca, que estaba en el grado. Había un silencio incómodo. No les habían querido decir por teléfono qué era lo que pasaba, sólo que vinieran urgente al colegio.

El padre de Miriam creyó que era un problema de la Cooperadora y, rezongando, dejó su negocio y se vino. La madre de Paula pensó en un accidente, pero por lo visto, todo estaba muy tranquilo. El padre de Fabián pensó que su hijo había hecho volar la escuela con algún invento. Pero la escuela seguía ahí. Tampoco era una reunión de padres... En definitiva, los tres pensaban que la Directora era muy molesta, que nada justificaba este salir corriendo y que, realmente, en la escuela no tenían nada que hacer y se dedicaban a molestar a los que estaban trabajando.

La Foca llegó con un pañuelito estrujado en la mano, tapándose la boca a cada rato para ahogar su tosecita. La Directora se sentó detrás de su escritorio, apoyó los codos y entrelazó las manos regordetas, moviendo sin cesar unas uñas rojas y largas que, más que uñas, parecían bichos que se le escapaban de las manos.

Entre tos y tos de la Foca, fue explicando lo sucedido. Aclaró que los chicos no estaban en la escuela y que esta situación había rebalsado todos los límites de paciencia que se podía tener con los alumnos de séptimo.

—Son insoportables, inmanejables –acotó la Foca.

—Señora –dijo el padre de Fabián–, yo entiendo que no se puede dejar pasar esta... travesura de los chicos.

—¿Cómo travesura? Esto es un delito –lo interrumpió la Foca, mientras la Directora la fulminaba con la mirada.

—Usted no estará sugiriendo que mi hija es una delincuente –le dijo el padre de Miriam.

—De ninguna manera, Sr. Reinoso, de ninguna manera –se apresuró a aclarar la Foca–. Pero no es su hija la cabecilla de todo esto.

—Por supuesto –afirmó el Sr. Reinoso.

—Yo creo –volvió a intervenir el padre de Fabián– que estamos haciendo un mundo de nada. Estamos hablando de cabecillas y delincuentes cuando en realidad es, simplemente, una rateada sin importancia.

—¿Cómo sin importancia? –saltó la madre de Paula que hasta el momento sólo se había refregado los dedos–. Usted habla así porque tiene un hijo varón. Yo quisiera ver qué diría si tuviera una hija, con el peligro de que ande sola con unos mocositos por la calle que la inciten a la droga o la... violen.

—Señora –insistió el padre de Fabián–, un hijo o una hija corren los mismos peligros, y a mí me preocupa tanto como a usted. Pero yo confío en lo que mi hijo puede hacer y estoy seguro de que si no están en la escuela, se fueron a la casa de alguno. No van a estar dando vuelta por los prostíbulos.

La Foca casi se cae de la silla. La Directora tuvo que ahogar la risa y dio gracias de que al menos uno de los padres tuviera sentido del humor. Esta "travesura" como él decía, no era peligrosa para los chicos, ella lo sabía, era peligrosa para ella, porque seguramente alguno de los padres iba a hacer una denuncia contra la escuela y la responsable de la escuela era ella, sólo ella. Tenía que manejar las cosas con cuidado para dejar satisfechos a todos los padres, pero ¿cómo?

—Yo creo, señora –intervino el padre de Miriam–, que esto es muy sencillo: primero, hay que encontrar a los chicos y después hay que sancionar a los cabecillas para que esto no se vuelva a repetir. Hay que tener mano dura, para que a los otros chicos les sirva de ejemplo... y yo sugiero la expulsión.

—Si la cabecilla fue su hija, ¿también? –preguntó sarcásticamente el padre de Fabián.

—Mi hija no fue de ninguna manera, señor.

—Se tome la decisión que se tome –dijo la madre de Paula–, yo voy a sacar a mi hija de esta escuela porque no me da ninguna seguridad.

—Señores... –interrumpió la Directora tratando de tranquilizar los ánimos–: creo que nos estamos yendo del tema. Lo más importante, en este momento, es encontrar a esos chicos y asegurarnos de que estén bien. Después, ya veremos.

—Totalmente de acuerdo –dijo el padre de Fabián–. Yo voy a pasar por casa para ver si están ahí.

—En mi casa no están –aclaró la madre de Paula.

—Y en la mía tampoco –dijo el Sr. Reinoso.

—Bien –dijo la Directora–. Podrían ir ustedes, entonces, a la casa de Federico Soria y de Graciela Reboledo a ver si están ahí.

—Yo siempre dije que esa chica era una mala compañía –dijo la madre de Paula como pensando en voz alta.

—De paso –agregó el padre de Fabián–, podríamos pasar por la plaza, por el polideportivo, por los videos... no sé, en algún lado deben estar.

Los tres padres salieron a buscar a los chicos. La Foca volvió al grado y la Directora se desplomó en su silla después de pedirle a Margarita que le preparara un té.

Capítulo 13

Fabián y Paula se dieron la mano. Esto es como en los cuentos, pensó Paula, viene un hada y hace que los sueños se hagan realidad. Y se imaginó vestida de novia, de la mano de Fabián, mientras todos la aplaudían.

En realidad, los que aplaudían eran Graciela y Federico divertidísimos con la idea de casarlos, mientras buscaban en el sótano trapos viejos para disfrazar a los novios.

Miriam había quedado asomada al teatro de títeres como un muñeco abandonado. Todavía tenía la carta rota apretada en la mano. No entendía por qué hoy todo le salía mal. En vez de lograr que Paula pasara un papelón, había hecho que se metiera con Fabián. ¡Bah! ¿A ella qué le importaba? Fabián era un tarado. Enanito y con anteojos. Nunca le había gustado, ni siquiera para molestarse. Si hubiera sido Federico, era otra historia.

¡Ya está! Si podía amigarse con Fede en el sótano, quizás, a lo mejor, después le daba bolilla.

Se acercó adonde estaba Federico y le dijo:

—¿Querés que te ayude?

—No, salí.

No iba a ser fácil.

—Fede... –insistió Miriam– lo estuve pensando y no voy a contar nada.

—Gracias, che –le dijo Fede– vos sí que sos copada. ¡Más bien que no vas a contar nada, porque si contás, te revientan a vos también!

—No voy a contar nada porque no quiero perjudicarlos– le dijo Miriam.

—¿Y qué me vas a pedir a cambio?– preguntó Federico sin dejar de buscar.

—Ser del grupo de ustedes– dijo Miriam.

—Eso ni lo sueñes, nena.

Miriam le dio una patada al cajón que revolvía Federico y se alejó. ¡Idiota! ¿Quién se creía que era ese tarado? Ella había ido a hacer las paces, pero si querían guerra, iban a tener guerra. Miriam veía como los chicos corrían de un lado a otro, revolviéndolo todo para buscar ropa o algo que se le pareciera. El juego del casamiento le parecía una estupidez, cosa de nenes de primero. ¿Para eso habían venido al sótano? ¿Para hacer una pavada que podían haber hecho en cualquier lado?

Lo que Miriam no sabía era que eso de casarse en el sótano ni era una pavada ni podía ser hecha en cualquier lado. Sólo ahí, fuera del mapa de la Foca, Paula se había animado a escribir esa carta. Sólo ahí, donde nadie pudiera encontrarla, donde nadie pudiera retarla, donde los ojos de su mamá y de su papá no llegaban. Y sólo ahí, lejos de las miradas burlonas, de las cargadas, amparado por su amigo, Fabián se había atrevido a ver a Paula y a darle un beso. Ahí en el sótano, Paula no era una "tontita" y Fabián no era un "aparato": ahí en el sótano Paula y Fabián eran PAULA Y FABIÁN con mayúscula y adentro de un corazón de tiza.

Graciela, que si de ropa y disfraces se trataba siempre tenía buen ojo, ya había encontrado el traje de novia. Le puso a Paula una alfombra horriblemente sucia y apolillada alrededor de la cintura y se la ató con una soga: ya tenía vestido largo. Una sábana vieja, con manchas de pintura celeste y gris que seguramente había cubierto algún escritorio cuando pintaron la escuela, le sirvió de tul para la cabeza, también atado con una soga en la frente. Paula parecía un árabe después de atravesar el desierto en medio de una tormenta de arena. Cuando caminaba despedía una nube de polvo sucio. En la mano llevaba un bollo de papel crepé desteñido, tan gris como el resto de su vestuario. Con el mismo papel, Graciela se había armado unos collares, y tenía la escarapela que antes había encontrado Miriam, puesta de sombrero.

El pobre novio tuvo menos suerte. No había nada que pudiera parecerse a un traje. Tuvo que conformarse con una corbata de papel que se enganchó a la remera (y que se le caía todo el tiempo) y un gorrito de granadero que encontró tirado y abollado, pero que, al menos, estaba sano.

Federico se puso el delantal para atrás y se echó otra sábana en forma de capa. Como cura era muy poco serio. Se hizo una cruz con dos pedazos de cartón y se la ató al cuello, y, con bancos y sillas, improvisó un altar. Miriam dudaba entre molestarlos o integrarse al juego. Si les preguntaba si podía jugar, seguro le iban a decir que no, y si los molestaba, no le iban a dar más bolilla. De las dos maneras se iba a terminar aburriendo. Buscó una caja, se la puso en la cabeza como un sombrero y se instaló calladita detrás de los novios.

El casamiento había empezado. Federico se subió a una silla y gritó:

—¡Talán! ¡Talán! ¡Se abren las puertas de la Iglesia!

Fabián y Paula, del brazo, empezaron a avanzar. Graciela le llevaba la cola a la novia. Miriam caminaba detrás. Cantaron la marcha nupcial hasta que Fabián y Paula estuvieron arrodillados frente al "cura".

—¡Domingus opispum! –dijo Federico. Y una carcajada inundó el sótano.

—¡Silencio! –gritó, y todos se callaron–. Che, ¿vos no sos judío? –le preguntó de repente a Fabián.

—Sí, pero los judíos también se casan –contestó el novio.

—¿Estás seguro? –insistió Federico.

—Mi mamá y mi papá se casaron.

Ante esa certeza, Federico siguió adelante con la ceremonia.

—Señor Fabián Levin, ¿acepta por esposa a la señorita Paula Capuzotti?

—Claro –contestó Fabián. Y todos tuvieron que explicarle que se contestaba "Sí, acepto", que si no, no quedaban casados. Fabián discutía que era lo mismo; Miriam se metía a los gritos; Federico trataba de poner orden... casi parecía que iba a ser imposible terminar con el casamiento.

—¡O se callan o los mando a la dirección! –gritó Federico, mezcla de cura y de Foca. El orden se reestableció pero sólo hasta que Paula puso una condición para aceptar: que Fabián le prestara la *play 2*. Nueva discusión.

—¡Bueno, córtenla! –gritó Federico– ¿Aceptás o no aceptás?

—Sí, acepto –contestó Paula.

—Entonces... os declaro... os marido y os mujer. –Y Federico hizo unos círculos con la mano a modo de bendición.

Graciela sugirió que tenían que ponerse los anillos porque si no, no estaban casados. Armaron dos anillos de alambre y se los pusieron en el dedo. Una lluvia de papelitos cayó sobre los novios mientras Federico gritaba: ¡Pueden besarse! ¡Pueden besarse!

Fabián se acercó a Paula y, corriéndole la sábana sucia, le dio un beso en la mejilla. Paula se llevó la mano a la cara, como para guardar el beso ahí, para siempre. Graciela y Federico se quedaron callados. Las partículas de polvo flotaban bajo la luz amarillenta del sótano.

Había un secreto flotando y, también, había un pacto. Había un mundo recién descubierto distinto al mundo de arriba: un sótano donde todo era posible y de donde no daban ganas de salir.

Miriam también se había quedado callada. Ella sabía que no pertenecía a ese mundo, que no estaba en ese casamiento aunque siguiera en el sótano y no entendía por qué. Los odiaba con toda su alma. ¿Por qué siempre la dejaban afuera de todo? ¿Por qué no era ella la novia en vez de la tonta de Paula? Aunque tuviera que ser la novia de Fabián, le hubiera gustado.

—¡Qué la novia tire el ramo! –gritó.

Y con el grito rompió el hechizo.

—¡A mí, Paula! ¡A mí! –gritaba Graciela.

El juego quedó en manos de las chicas. Esto del ramo era una estupidez de mujeres, aunque a Fabián y a Federico no dejaba de divertirles y se metieron en el medio para tratar de atajarlo. Paula se fue lejos y se puso de espaldas. Todos se acomodaron. Paula espió por encima del hombro, para ver dónde estaba Graciela. Apuntó y tiró su ramo-bollo de papel para atrás.

Graciela pegó el salto, pero no lo alcanzó. El ramo quedó enganchado en el teatro de títeres y Miriam se abalanzó para agarrarlo. Todos se quedaron perplejos. El ramo no era para ella, pero lo había conseguido en buena ley. Graciela no podía ser más tonta.

—Nena –le dijo Paula a Miriam–, le devolvés el ramo a mi amiga.

—El ramo es de quien lo ataja –contestó Miriam y con razón.

—El ramo es de quien se puede casar –se burló Fabián.

—Y con esa cara no creo que puedas casarte con nadie... –agregó Graciela.

Todos se rieron. Miriam quedó abrazada a su ramo de papel, con aire triunfante, pero mortalmente herida por lo que le habían dicho.

—Dejala –dijo Fede– vamos a bailar.

Fabián conectó el *mp3* nuevamente. La música se parecía poco a un vals de casamiento, pero era la única que tenían. Fabián le dio la mano a Paula y puso la otra en su cintura. Empezaron a girar descompasadamente, pisándose los pies, tropezándose con la sábana, riéndose. Giraron cada vez más rápido hasta que se marearon. Y siguieron girando hasta que cayeron al piso. Federico también improvisaba con Graciela un vals que nunca había bailado. Era la primera vez que bailaban juntos. Se miraban los pies, sin animarse a levantar la cabeza. Se balanceaban en el lugar, las manos de él en la cintura de Graciela, las de ella sobre los hombros de él. La caída estrepitosa de Paula y Fabián les cortó el baile. Los ayudaron a levantarse y los cuatro empezaron a sacudirse al ritmo del rock que se escuchaba. Miriam también bailaba... sola. Se acercó dando saltos, y pisó a Fabián que se la sacó de encima como pudo.

Después se abalanzó sobre Federico, que también la resistió. Los gritos de "¡Salí, gorda!" se mezclaban con la música. En un intento de bailar con Federico, Miriam la tiró a Graciela al suelo. Federico la empujó.

—¡Tarado! –gritó Miriam.

—¡Bola de grasa! –le contestó Federico.

—¡Idiota!

—Miriam, ¡no tenés derecho a arruinarlo todo! –le dijo Graciela.

—¡Yo tengo todo el derecho que quiera en esta escuela!

—¿Por qué...? ¿Por qué tu papá es el Presidente de la Cooperadora? ¿Por eso?

—Para que sepas esto no es la escuela –le aclaró Fabián con toda calma.

—¿Y qué es? ¿Un zoológico? –se burló Miriam.

—Esto no es la escuela, porque acá mandamos nosotros, no tu papito –siguió explicando Fabián–. Y vos, nena, sos una espía. Mirá, si queremos... te podemos hacer un juicio y todo.

No había terminado de decirlo, que todos ya aplaudían una idea tan ocurrente. Hacerle un juicio a Miriam y cantarle las cuarenta era lo que siempre habían querido hacer. Sin maestras, sin directoras, sin Presidente de la Cooperadora. Un juicio de igual a igual. Y que se aguantara todo lo que le dijeran. Un juicio con castigo y todo. Todos aplaudieron la idea, menos Miriam, claro.

Capítulo 14

El primero en volver a la escuela fue el padre de Miriam. Golpeó la puerta de la Dirección y, sin esperar respuesta, entró y se sentó frente a la Directora.

—En la casa de Graciela Reboledo no hay nadie –dijo–, pero yo me apresuré a venir porque quería hablar con usted a solas.

—Usted dirá –le dijo la Directora apartando su taza de té y fijando la vista en los bigotes perfumados del señor Reinoso.

—Mire, señora –comenzó Reinoso– usted sabe que yo no soy un padre más, yo soy parte de esta escuela. Yo, hace ocho años que presido la Asociación Cooperadora, que vengo luchando por sacar la escuela adelante... sin mucha ayuda, por otro lado.

La Directora carraspeó. Hacía ocho años, es cierto, que venía aguantando al señor Reinoso, que quería manejar la escuela como si fuera su negocio, que ponía a la Cooperadora en contra de la Dirección, que creaba problemas con los maestros y que, como buen comerciante que era, hacía entrar a las arcas de la Cooperadora dinero contante y sonante que venía muy bien y que lo hacía inamovible.

—Dios quiera que a estos chicos no les haya pasado nada –prosiguió–. Yo estoy seguro de que Miriamcita no tiene nada que ver en todo esto. Es una chica obediente, buena alumna, nunca trajo ningún problema. Ella es víctima de alguna presión que sus compañeros ejercieron... para que no cuente, supongo.

—Le reitero, señor Reinoso –lo interrumpió la Directora–, que después de encontrar a los chicos, vamos a poder determinar de qué se trata todo esto. Por el momento, lo único que me preocupa es saber dónde están y saber que están bien.

—Estoy totalmente de acuerdo –insistió el señor Reinoso–. Pero yo sé cómo son estas cosas. Los chicos aparecen, todos nos ponemos contentos porque están bien, y aquí no pasó nada. Y eso, justamente, es lo que yo quiero evitar. Que toda esta tragedia quede en el olvido.

—Esto no es una tragedia, señor Reinoso –dijo la Directora–, a lo sumo es un problema. Un problema grave, si usted quiere, pero no es una tragedia.

—Por ahora –agregó Reinoso, y la Directora sintió ganas de arañarlo–. Pero esto sí puede dar lugar a una tragedia más adelante y, después, todos nos vamos a lamentar por no haber hecho lo que debíamos hacer a tiempo.

—¿Y qué es lo que debemos hacer? –preguntó la Directora con el mejor tono que pudo.

—Lo que debemos hacer, usted como Directora y yo como padre y Presidente de la Asociación Cooperadora de esta escuela, es expulsar a estos cuatro chicos de la escuela hoy mismo.

—Perdón –lo interrumpió nuevamente la Directora–, son cinco los chicos que no están en clase.

—Bueno, por supuesto que descuento que Miriam no merece ese castigo porque no tiene nada que ver en todo esto –contestó Reinoso–. Pero si usted no toma esa medida, mañana van a ser diez los que falten del grado y la semana que viene desaparece el grado entero. Hay que educar con el ejemplo y cortar la mala hierba de raíz. Una manzana podrida pudre todo el cajón...

—Y al que nace barrigón es al ñudo que lo fajen –agregó la Directora.

—¿Cómo dice? –preguntó Reinoso sorprendido.

—Nada, nada, pensaba en voz alta. Continúe, por favor.

—Bueno –continuó Reinoso–, que así son las cosas. Si usted frena a estos mocositos de entrada, va a evitar males mayores. No olvide que la droga está a la vuelta de la esquina... la delincuencia juvenil... las madres solteras... Es su responsabilidad, señora, y yo le aconsejo...

—Señor Reinoso –interrumpió la Directora decidida a poner un límite a esta situación–, yo puedo escuchar sus inquietudes como padre, puedo tratar de resolver los problemas que usted tenga en la escuela si está a mi alcance, pero le puedo asegurar que no necesito consejeros para manejar la escuela. Puedo hacerlo muy bien sin su ayuda. Tengo un cuerpo docente que me respalda y tengo, en última instancia, a mis superiores para pedir consejo. Así que le voy a pedir, y no lo tome a mal, que usted organice la feria de platos, que yo sola voy a resolver este problema. Y ahora, si me disculpa, quisiera hacer unos llamados telefónicos.

—Como usted prefiera –dijo el señor Reinoso levantándose–. Voy a ver si llegan los demás, con permiso.

—¡Ah!, señor Reinoso –lo frenó la Directora–. Cuente con una torta de chocolate mía, para la feria de platos.

—Gracias –dijo Reinoso perplejo y salió de la Dirección.

El padre de Miriam no podía creer lo que acababa de escuchar. Esta mujer se había vuelto loca. Él siempre había dicho que era una inútil y con esto lo confirmaba. Tendría que hacer la denuncia de lo sucedido, por supuesto. Él no iba a dejar que todo quedara así. Necesitaba más datos, tenía que hablar con la señorita Elvira.

Reinoso se fue directo a séptimo grado. Cuando llegó, la Foca le estaba hablando a los chicos, siempre con el pañuelito apretado en la mano.

—La mentira tiene patas cortas –les decía–.

La escuela es su segundo hogar. ¿Ustedes les mentirían a sus padres? No, claro que no. Entonces, tampoco deben mentirle a sus maestros. ¿Ustedes creen que el año que viene, cuando estén en el secundario, si pasan... les van a tener tanta consideración? No, señores. En el secundario se acabó la diversión. Ahí hay que estudiar y el que no estudia, fuera. Ahí no les van a permitir indisciplina. Este es el último año feliz de sus vidas, señores, y ustedes se dan el lujo de desperdiciarlo. Porque si ustedes no se preparan ahora para entrar en el secundario... ¿cuándo se van a preparar? ¿Cuándo ya estén adentro? Acá es donde se sientan las bases para que ustedes sean los hombres y mujeres íntegros, honestos, trabajadores, solidarios y triunfadores que el país necesita...

El señor Reinoso carraspeó.

—Como el señor Reinoso –agregó la Foca y le hizo un gesto con la mano para que se acercara. La llegada del padre de Miriam salvó a los chicos del sermón que ya llevaba quince minutos. Ni bien la Foca se puso a hablar con él, volvieron al tema del día: dónde estaban sus compañeros y dónde estaba Miriam, porque no podían creer que estuvieran juntos.

El señor Reinoso escuchó interesado las preocupaciones de La Foca por la conducta de "ese grupito" que ella no podía manejar y que iba por muy mal camino. Por supuesto, Miriam no pertenecía al "grupito". Seguramente los chicos la habían amenazado, pero... lamentablemente, Miriam no había contado nada. Esto la convertía en cómplice. Iba a ser muy difícil probar que ella no tenía nada que ver. Una verdadera pena. Miriam siempre era tan colaboradora con los maestros. Era una lástima que se viera involucrada en esto.

El padre de Miriam dejó que la Foca siguiera hablando sin escucharla. Su hija era una verdadera tonta. Si ella sabía dónde estaban sus compañeros tendría que habérselo contado a la señorita Elvira. Hubiera sido loable de su parte evitar este acto de... mala conducta. Pero no, la muy tonta se había ido atrás de ellos sin pensar cómo lo hacía quedar frente a toda la escuela, a él, nada menos que la hija del Presidente de la Cooperadora. Y esto, para colmo, le tapaba la boca. ¿Qué podía decir, si su hija también estaba metida en el asunto? Pero él sí sabía educar con el ejemplo. Le iba a poner una penitencia que no le iban a quedar ganas de ratearse nunca más en su vida. La letra con sangre entra.

Reinoso se despidió de la señorita Elvira y salió del aula. Ahora sólo quedaba esperar.

Ni bien se quedó sola, la Foca se sentó frente al escritorio, y limpiando los anteojos, dijo:

—Saquen el cuaderno de comunicaciones.

Capítulo 15

Antes de que Miriam pudiera oponerse, el juicio ya estaba organizado. Fabián iba a ser el juez, los otros, testigos, y Miriam, por supuesto, la acusada. Cada uno presentó un cargo contra ella: Paula de "busca roña", Fabián de "buchona", Graciela de "gorda granulienta". Faltaba Federico.

—De "I.B.M." –dijo de pronto... y nadie entendió nada.

—Inmensa... Bolsa... de Mocos... –aclaró, con lo que todos largaron una carcajada. Miriam intentó protestar contra el insulto, pero no la dejaron. Si quería jugar iba a tener que aceptar las reglas que los chicos impusieran; eran mayoría. Pero ella sabía bien cómo defenderse y no iba a perder ese juicio.

Decidieron el castigo: si Miriam era declarada culpable por ese tribunal, que era al mismo tiempo testigo, fiscal y jurado, se tenía que ir del sótano. Estuvieron todos de acuerdo, menos Miriam, claro, pero nadie la escuchó. El juicio comenzó.

—Dale, Paula, empezá –ordenó Fabián, que se había echado una sábana en los hombros a falta de toga negra.

—¿Empiezo a qué? –preguntó Paula.

—Presentá pruebas –le dijo Fabián.

—No tengo el libro para jurar –le contestó Paula. En realidad, el libro importaba poco. Paula estaba haciendo tiempo. ¿Por qué tenía que hablar primero ella? Se moría de ganas de decirle a Miriam todo lo que pensaba, pero también le tenía un poco de miedo. No era fácil tenerla de enemiga.

¿Y si Miriam se la agarraba con ella?

Le trajeron un libro viejo.

—Señorita Paula Capuzotti –empezó el juez–, ¿jura decir la verdad, toda la verdad, y nada más que la verdad?

—Sí, juro.

—Dale, empezá –insistió Fabián.

Paula no arrancaba. Eso, así, era un aburrimiento. Miriam empezó a burlarse, Graciela y Federico se peleaban por ser los primeros y Paula no quería hablar, pero tampoco quería perder su lugar. Finalmente, el juez pudo poner orden.

—Bueno... –se largó Paula– yo digo que vos... ¡Sos una buscarroña porque siempre te metés en todo y después le echás la culpa a los demás! –dijo rapidito.

—Eso es mentira –contestó Miriam.

Paula miró a sus compañeros. Había estado bien. Graciela y Federico le hacían señas para que siguiera adelante.

—¿Me vas a decir que es mentira que empujás a todos en la fila? –le dijo.

Eso era absolutamente cierto. Hasta Miriam lo sabía.

—Eso es porque me empujan los de atrás –se defendió como pudo.

—¿Sí?... Y cuando me escribís porquerías en el banco y le mamarracheás las hojas a Roxana... ¿también te empujan los de atrás? –siguió Paula entusiasmada.

Miriam no esperaba este ataque de Paula. ¿Iba a tener que contestar a todo lo que se les ocurriera? Ella tenía sus razones, claro que las tenía.

—Bueno... –empezó– yo empiezo con eso, pero porque ustedes empiezan con cargarme. ¿A vos te gustaría que te digan gorda... vaca... hipopótama...? ¿Te gustaría?

A Miriam se le llenaron los ojos de lágrimas.

Los chicos se quedaron callados. Paula los miró. Era cierto: Miriam era el centro de todas las cargadas, de todas las bromas, de todos los insultos. Y si le molestaban, mejor. Era una forma de vengarse por todo lo que ella les hacía. Pero nunca la habían visto llorar por eso.

—Con su permiso, Señor Juez –dijo Federico–, eso de hipopótama no es una cargada, es la pura verdad.

—¡Idiota! –le gritó Miriam entre las risas de los otros.

Federico se volvió a sentar, contento. No era cuestión de que Miriam les arruinara el juicio. Ahora podían seguir.

Paula no tenía más pruebas, o mejor dicho, no tenía más ganas de seguir enfrentándose a Miriam. Ya había hecho demasiado.

Se armó una discusión entre Graciela y Federico, para ver quién declaraba primero. Federico tenía ganas de decirle de todo, ¡qué juicio ni juicio! Había que decirle todo lo que pensaban y echarla. Pero los otros estaban decididos a seguir todos los pasos necesarios para encontrarla culpable. ¡Cobardes! Fabián decidió que declarara Graciela, porque: "las damas primero". Federico se sentó junto a Paula y Graciela, después de jurar decir toda la verdad sobre el destartalado libro de Naturales, empezó:

—Yo digo que tenés mal olor porque no te bañás –le dijo.

Los chicos se quedaron con la boca abierta y Miriam también. Esa sí que era una acusación fuerte... y cierta.

—¿Y vos como sabés si me baño? ¿Vivís en mi casa, acaso? –le contestó Miriam con odio.

—No. Te siento el olor –le dijo Graciela mirando a sus compañeros de reojo–. Tenés todo el pelo grasiento...

—Eso es porque transpiro mucho –interrumpió Miriam, pero Graciela no se frenó.

—Y es un asco estar al lado tuyo, porque... porque te tirás...

Graciela se tapó la nariz con la mano. No se animaba a decirlo.

—¡Pedos! –gritó Federico, ayudando. Todos volvieron a reírse.

Lo cierto es que nadie quería ser compañero de banco de Miriam por esa razón. Muchas veces, en medio de la clase, sentían un olor insoportable y empezaban las señas, las narices tapadas, las risas... Pero nunca nadie se lo había dicho, aunque todo el mundo lo sabía.

Miriam interrumpió las risas. Esa tontita no se iba a reír a costa suya. En todo caso, ella también sabía un montón de cosas.

—Yo prefiero tener mal olor y no andar como vos, con hebillitas y perfume, y traer mini a la escuela para que los chicos te vean la bombacha –le dijo.

—Yo la uso así, porque me gusta –se defendió Graciela–. Vos hablás de envidia, porque con esos jamones que tenés, no podés usar otra pollera que no sea hasta el tobillo.

—Yo la uso así porque así me gusta y porque no me gusta parecer una loquita como vos –contestó Miriam.

Miriam llevaba las de ganar. De acusada se había transformado en acusadora. Ella también hacía mucho tiempo que tenía ganas de pelearse con Graciela. De todas las chicas del grado, era a la que menos soportaba. Odiaba que fuera tan linda, que todos los chicos quisieran salir con ella. Odiaba que fuera flaca, que no tuviera esos horribles granos en la cara, odiaba ese olorcito a perfume de Graciela.

Odiaba a Graciela de tanto que le hubiera gustado ser como ella.

—Sí, pero bien que te gustaría tener novio... –le dijo Graciela.

—¿Cómo vos? ¿Cómo vos que cambiás de novio todas las semanas? –atacó Miriam–. ¿Que los pibes andan contando a ver quién te toca más? ¿Que se meten con vos porque apuestan a ver quién te va a apretar?

Nadie habló. Graciela abrió la boca para contestar pero no supo qué decir. Esa era una mentira más de Miriam, seguro. Miró a sus amigos. Ellos miraron al suelo.

—Eso no es cierto... –susurró. Nadie le contestó. Graciela sintió que se le llenaban los ojos de lágrimas de bronca y de vergüenza.

—¿No es cierto que no es cierto? –volvió a preguntar.

Los chicos no sabían qué contestarle. Era cierto. Todos lo sabían. Eran sus amigos... nunca se lo hubieran contado y tampoco ellos habían participado de ese juego, pero era cierto.

Trataron de explicárselo, pero Graciela no quería escuchar a nadie. De espaldas a ellos lloraba en silencio. Le parecía que nunca más iba a poder mirarlos. Paula se acercó a darle la mano, pero Graciela se la sacó. ¿Por qué no se lo habían contado antes? ¿Por qué habían dejado que todo el mundo se riera a sus espaldas?

A lo mejor ellos también se reían... Todos los pibes decían que les encantaba estar con ella porque era más "madura"... ¿y después iban a contar todo como si fuera una hazaña? Los odiaba. Odiaba a todos los varones del grado... hasta a Fede. Odiaba la escuela, odiaba ese sótano y la odiaba a Miriam.

Fabián y Federico no sabían qué hacer. No suponían que Miriam sabía eso. Esas eran cosas de varones, aunque era absolutamente cierto que ellos nunca habían participado: Fabián porque eso de las chicas no le interesaba y Fede, porque le interesaba mucho Graciela como para tomarle el pelo. Pero Miriam no tenía por qué saberlo, y menos, por qué decirlo. Federico la miró. Estaba triunfal. Tenía una sonrisita socarrona dibujada en esa cara de torta con granos y canturreaba una cancioncita mientras seguía el ritmo con el pie. Se tenía que ir de ahí. Era hora de que se fuera, pasara lo que pasara. Fede se levantó de un salto.

—Ahora me toca a mí –dijo.

—Señor Federico Soria, jura decir... –empezó Fabián.

—Sí, te lo juro, te lo juro –interrumpió Fede que no estaba para juegos– Mirá, gorda... vos sos una buchona de porquería. Andás escuchando todo para ir a contárselo a la maestra, arruinás todos los planes y no te importa si alguien se jode, lo único que te importa es quedar bien con la maestra...

—Claro que no me importa, si a mí nadie me quiere. ¡Este es un grupo de porquería! –saltó Miriam que ya daba por ganado su juicio–. ¡Por suerte, el año que viene no los voy a ver más! Me voy a ir a otra escuela que es de mucho mejor nivel que ésta... y además... no van varones.

—¡Ay! ¡Qué divertido!... –intervino Fabián– entonces, todas las chicas se ponen de novias entre ellas... ¡Largá, maricona!

Mal momento para hablar. Miriam estaba con toda la furia y se la agarró con él.

—¿Y vos qué hablás...? –le dijo–. Si vos no enganchás una piba ni de casualidad...

—Vos hablás de envidia, porque lo que quisieras es engancharte conmigo –fue lo primero que se le ocurrió contestar a Fabián.

—Yo seré gorda pero no estúpida –le contestó Miriam–. Si a vos nadie te da bola, ni las nenas del Jardín. Si dicen que sos un enano, que parecés de cuarto, y encima, con anteojos. A las chicas les da vergüenza que las vean al lado tuyo. ¿Sabés como te llaman? El "gusanito miope".

Federico no pudo contener una carcajada. Era cierto que lo llamaban así. Pero, ¿cómo hacía Miriam para saber tantas cosas? Fabián se enojó con Federico y ese fue el momento que aprovechó Miriam para tirar otro dardo.

—Sólo la tarada de Paula puede gustar de vos –le dijo– pero ella, en realidad, gusta de Federico.

Y si no me creés, preguntale a Fede por qué le regaló un marcador, ¿eh?

—¡Porque era el cumpleaños, idiota! –tronó Federico fuera de sí.

Demasiado tarde. Miriam había tirado una bomba con muy buena puntería y la bomba había explotado. Fabián se peleaba con Paula, Federico se peleaba con Fabián, Paula se peleaba con Federico y Graciela se peleaba con Paula. Era una discusión a los gritos donde nadie escuchaba a nadie. Bueno... escucharon a Miriam agregar:

—Y Graciela gusta de Fede.

Miriam vivía su venganza con una alegría sin igual. Había bajado al sótano, los podía delatar, les había arruinado la rateada y encima había logrado que todo el grupo se peleara. No le hubiera salido mejor si lo hubiera planeado. Ya se podía ir. Todavía tenía algo mejor que hacer arriba. Con que juicio, ¿eh? ¡Qué tarados que eran...!

La sorprendió un grito de Fede.

—Paren, ¡che! –todos se callaron de golpe–. Al final, vamos a terminar todos a las patadas por culpa de esta gorda. ¡Qué se vaya!

Miriam pensó que ya no tenía nada que hacer ahí, pero que no se iba a ir porque la echaran. Eso sí que no.

—Que yo sepa, éste era un juicio –les dijo–, y por lo que veo, lo gané, así que yo me voy cuando quiero.

Los chicos se miraron. No podían dejar que Miriam se saliera con la suya. Fabián volvió a su papel de Juez.

—La señorita Miriam ha demostrado ser muy buena compañera, muy simpática y creo que dio muestras suficientes de que es...

—¡¡¡Culpable!!! –gritaron todos al mismo tiempo.

Los chicos la miraron. Miriam estaba de espaldas a ellos, sin moverse. Empezaron a avanzar lentamente hacia ella. Miriam escuchaba sus pasos. Los sentía acercarse. Podía salir corriendo, pero la iban a agarrar otra vez, salvo que se fuera del sótano. Mejor esperar a que estuvieran más cerca.

—Gorda...andate... –le dijo Fede sin dejar de avanzar.

—¿Y si no quiero? –preguntó desafiándolos.

—Resulta que sí querías –dijo Fabián agarrándola de un brazo y empujándola hacia la escalera– y además, querías subir y no contarle nada a nadie.

—Eso ni lo sueñes –contestó Miriam pegándole un empujón que lo tiró de espaldas al suelo.

Fue suficiente para Federico. Se paró frente a Miriam y la empezó a empujar de los hombros, haciéndola caminar hacia atrás. Miriam perdía el equilibrio. Se cayó y se volvió a levantar. Federico la seguía empujando.

—Mirá gorda, subí calladita, y si contás algo... empezá a correr, hasta la China si es posible y mudate y cambiate de escuela, ¡porque te voy a estar esperando hasta que seas vieja!

Miriam ya estaba sobre la escalera. Tenía el delantal sucio y tierra en la cara también. Los volvió a mirar. Ellos no podían hacerle nada.

—Claro que me voy –les dijo, como si nada hubiera pasado–. La verdad es que me aburrí bastante con ustedes. Claro que lo divertido va a empezar ahora.

Y dando media vuelta corrió escaleras arriba a los tropezones.

—Miriam... ¿vas a buchonear? –preguntó Paula.

Pero Miriam no le contestó.

Capítulo 16

Fabián, Paula, Graciela y Federico se quedaron mirando la escalera. Había llegado el fin. El tiempo se terminaba. Seguramente, Miriam iba a contar todo en cuanto llegara al aula. ¿Y después...? Ese después se les clavaba en el estómago... Que no llegara nunca... que no llegara nunca... "Después" era enfrentarse con la Directora, el reto de los viejos, el castigo, a lo mejor, no verse nunca más. "Después" era el mapa de la Foca lleno de ríos y montañas que no les interesaban.

Iban calculando el recorrido de Miriam por la escuela. Había salido del sótano, había pasado frente a quinto, después frente a sexto... A lo mejor había entrado al baño. Ya tenía que haber llegado al grado, ya debía estar ahí, ya estaba contando...

—Señorita Miriam, ¿dónde estaba? –preguntó de repente Federico, imitando a la Foca con su voz de pito y su pañuelito en la mano.

Los chicos lo miraron asombrados: ¿Cómo podía bromear en este momento? ¿Quién tenía ganas de reírse?

—Yo... estaba en el baño, seño –contestó Fabián imitando a Miriam y entrando en el juego.

Las chicas no pudieron resistir la risa. Fabián, tan chiquito y con anteojos, se parecía muy poco a Miriam.

—¿Usted no sabe que se debe ir al baño en los recreos? —le recriminó Fede sacudiendo el dedo como solía hacer la Foca en esos casos.

—Sí, seño, lo que pasa es que me estaba haciendo caca –le contestó Fabián, y las carcajadas no lo dejaron seguir hablando.

—Escúchenme bien –siguió Federico cuando pudo parar de reírse–, y esto va para todos: si usted siente deseos de hacer sus necesidades en horas de clase... ¡se caga en el banco! Pero jamás, ¿me entiende?, jamás se debe salir del aula en horas de clase.

Los cuatro se revolcaban de risa. Paula creyó que se iba a hacer pis en cualquier momento y tuvo que sentarse y tratar de pensar en otra cosa, porque si algo no había en el sótano, era baño.

—Saquen el cuaderno de comunicaciones –siguió Fede–. Escriban: no debo hacerme caca en horas de clase. Notificado. Firma del padre, tutor o encargado... del edificio.

Graciela y Fabián repetían a coro el dictado de Fede, pero Paula los interrumpió.

—Che –dijo casi al borde del llanto–, ¿ustedes pensaron qué estará haciendo Miriam ahora?

El juego había terminado otra vez. Ahí estaba la palabrita "después" repicando en sus cabezas.

—Enseguida nos vamos a enterar –contestó Fede.

A los chicos les parecía que si Miriam había contado, estaban tardando mucho en venir a buscarlos. Claro que si había ido a hablar con la Dire...

Graciela sugirió que subieran y se presentaran ellos solos, pero la idea fue descartada porque, por ahí, Miriam no había contado nada y caían como chorlitos.

Lo que más les preocupaba ahora, no era el reto que iban a recibir sino esa extraña sensación de que, a lo mejor, ese era el último momento que pasaban los cuatro juntos... que iba a sonar el timbre, iban a subir, cada uno se iba a ir a su casa y después... mañana mismo... no se iban a ver más.

—Pero si nos echan de esta escuela podemos ir a otra los cuatro juntos –dijo Graciela no muy convencida.

—¡Mirá que si nos echan! de esta escuela nos van a dejar entrar a los cuatro en otra. ¡Justo! –le contestó Fede.

—A mí me van a poner pupila en una escuela de monjas –dijo Paula.

—Entonces nosotros nos disfrazamos de minas y vamos con vos –le contestó Fabián para consolarla.

—¡Sí, sobre todo vos, que sos judío, vas a ir a una escuela de monjas! –agregó Federico, pero nadie se rió.

Graciela trató de darse ánimos con la idea de que, igual, podían encontrarse todas las tardes en la casa de alguno. Empezaron a pensar dónde, cómo... Pero Paula una vez más se la tiró por tierra: ella estaba segura de que no la iban a dejar.

—Esperen –dijo Graciela que no se daba por vencida–, ¿y si le preguntamos a los espíritus?

—¡Uy! ¡No van a empezar con el juego de la copa y esas pavadas! –se burló Fede.

—No, el del libro, que es mucho mejor –le contestó Graciela.

A pesar de las protestas de Federico, las chicas prepararon todo. Ellas creían en lo que el libro contestaba: el otro día lo habían hecho en la casa de Roxana y todo lo que el libro dijo era cierto. Fabián se mostraba un tanto escéptico; el prefería las computadoras. Federico se dedicó a burlarse. ¿Quién podía creer en espíritus? Las mujeres, nada más.

Buscaron el viejo libro de Naturales que habían usado en el juicio, lo ataron con un piolín y en el otro extremo ataron una llave. Paula y Graciela tenían que sostener la llave con un dedo para que el libro oscilara. Si se movía hacia la izquierda, quería decir que sí, y si se movía hacia la derecha, que no.

Buscaron un lugar apartado del sótano y se sentaron en círculo. Fabián apagó la luz. Los trastos amontonados eran verdaderos espíritus alrededor de ellos. Las maderas crujían solas de tanto en tanto. Ninguno se movía. El espíritu había sido convocado.

Hasta Fede, que no creía en esas pavadas, miró alrededor para asegurarse de que estaban solos.

—Espíritu... ¿estás aquí? –preguntó Graciela con la voz temblando.

Todos miraron el libro. Lentamente empezó a moverse hacia la izquierda.

—Está –dijo Paula.

—Nosotros... ¿estamos en el sótano? –volvió a preguntar Graciela.

El libro volvió a moverse hacia la izquierda.

—Lo mueven con el dedo –dijo Fede sin atreverse a levantar demasiado la voz–. Esperá que pregunto yo: Yo... ¿Vivo en África?

El libro giró hacia la derecha. Quería decir que no.

—Ahí tenés –le dijo Graciela triunfante.

Era el turno de Fabián:

—Yo... ¿Tengo anteojos?

El libro se movió a la izquierda, pero eso no lo convenció a Federico que dijo que todo el mundo sabía que Fabián usaba anteojos, hasta los espíritus. Lo hicieron callar.

Algo se cayó en la otra punta del sótano. Los cuatro se apretaron las manos.

—¿Quién anda? –preguntó Fede.

Nadie le contestó. Esperaron callados, con las manos apretadas y los ojos inútilmente abiertos para percibir algún movimiento. Miriam podía haber vuelto... o el espíritu...

No vieron ni escucharon nada más.

—¿Seguimos? –preguntó Graciela.

—Yo pregunto –dijo Fede–. Espíritu... ¿Graciela... Quiere ser mi novia?

Graciela clavó los ojos en el libro. La mano le temblaba tanto que casi deja caer la llave. Si el espíritu contestaba que sí, se moría de vergüenza, y si contestaba que no, había perdido para siempre a Federico.

El libro tardó en moverse esta vez. Quietito en el centro temblaba tanto como Graciela. Muy despacito se movió hacia la izquierda.

—Es mentira –se apuró a decir Graciela.

—Vos dijiste que nunca miente –le recordó Fede.

—Bueno, generalmente no miente –se justificó Graciela– pero esta vez, se equivocó. Vas a ver: Espíritu... Federico... ¿Gusta de mí?

Ahora el que se sorprendió fue Fede. ¡Qué tramposa! Ahora lo movía con el dedo y él quedaba como un salame. Había querido deschavar a Graciela y resulta que ahora Graciela lo deschavaba a él. Y así fue, porque rápidamente el libro giró hacia la izquierda.

—¡Bah! Esto es una pavada –fue lo único que se le ocurrió decir.

Paula puso fin a la discusión. Habían llamado al espíritu para saber qué les iba a pasar, no para esas pavadas.

—¡No son pavadas! –contestaron Graciela y Fede al mismo tiempo, y los dos se arrepintieron de haberlo hecho.

Les costó un poco volver a concentrarse y ponerse de acuerdo para seguir preguntando. El libro contestó que Miriam había entrado al grado y que había contado todo.

—¿Y qué nos van a hacer? –preguntó Fabián.

—¡Nene! ¡Tenés que preguntar para que te conteste sí o no! –lo retó Paula– ¿Qué querés?¿Que hable también?

—¡Bueno! ¡Está bien! ¿Nos van a venir a buscar?

Era la pregunta clave. El libro no se movió. Los chicos tampoco. De pronto empezó a girar sobre si mismo, cada vez más rápido. Las chicas lo soltaron y el libro, al caer contra el piso, hizo un extraño ruido a hueco, como si debajo hubiera un agujero o algo así.

—¿Y ahora qué pasó? –preguntó Federico que no estaba demasiado familiarizado con los espíritus.

—Cuando hace así es porque se enoja y no quiere contestar más –le explicó Paula.

—¡Maricón! –le gritó Federico al libro como si el espíritu estuviera todavía ahí.

—Ahora no va a volver –dijo Graciela.

—¿Viste cómo sonó? –comentó Paula– Como si el espíritu se hubiera hundido en el piso.

—No, nena –le dijo Fede– lo que pasa es que nos sentamos sobre una tapa de madera.

Todos miraron. Era cierto. Había como un parche de madera cuadrado en el piso de cemento y ellos cuatro estaban sentados justo encima.

—¿Cuánto falta para que toque el timbre? –preguntó Graciela.

—Dos minutos –contestó Fabián.

Era raro que nadie hubiera bajado a buscarlos todavía. A lo mejor los dejaban encerrados ahí para siempre, bromeó Fabián. En realidad, lo que todos imaginaban era el momento en que ellos abrieran la puerta del sótano y se encontraran, frente a frente, con la Directora, ahí parada, con la escarapela puesta, las maestras formadas una al lado de la otra; y enfrente de ellas los padres y madres de cada uno, sus compañeros... Toda la escuela formada, con abanderado y todo y ellos saliendo, caminando por el medio de las filas mientras todos los señalaban con el dedo y la Directora leía un largo discurso que terminaba con la sentencia: " y serán expulsados de esta escuela".

Como en los sueños, la Directora era enorme y muy gorda, tanto que no se le llegaba a ver la cara, pero sí veían su uña colorada agitarse al ritmo de sus palabras. Los chicos tenían las caras deformadas como en esas fotos que se toman de arriba y sacaban unas largas lenguas coloradas. De pronto, todos daban un paso hacia atrás y aparecía, avanzando hacia ellos, Miriam, sentada en una carroza, con una corona de laureles y un cetro en la mano, comiendo pochoclo y riéndose a carcajadas.

—Falta un minuto –dijo Fabián.

Capítulo 17

Mientras los chicos en el sótano juzgaban a Miriam, su papá se paseaba por los pasillos de la escuela pensando qué era lo que tenía que hacer. Salir a buscar a su hija por la calle no tenía demasiado sentido, era una pérdida de tiempo. Además, todavía no habían vuelto el señor Levin y la señora Capuzotti que bien podían haberlos encontrado. Lo mejor era esperar ahí. Pero una vez que los chicos llegaran, ¿qué? ¿Hacer la denuncia? ¿Sacar a Miriam de la escuela? Imposible, no podía renunciar a su cargo de Presidente de la Cooperadora. ¿Volver a hablar con la Directora? Esa vieja loca se creía que lo sabía todo.

Sólo dos cosas tenía claras: primero, que su hija iba a lamentar el haberse ido con esos atorrantes y segundo, que tenía que lograr por todos los medios que los sacaran de la escuela.

Cuando ya se había fumado el quinto cigarrillo y había recorrido las baldosas del pasillo hasta gastarlas, vio llegar a los otros padres. Venían con la madre de Graciela Reboledo. Linda señora... pensó el padre de Miriam, y fue a su encuentro.

No había novedades. Nadie los había visto. Habían desaparecido del mapa.

Se fueron todos hacia la Dirección. La madre de Paula no dejaba de llorar pensando qué podría estar pasándole a su hija en ese momento, y la madre de Graciela lo volvía loco al padre de Fabián preguntándole todo el tiempo qué tenía que hacer, qué iban a hacer ellos, qué era lo mejor, tomando una decisión y dudando a los dos pasos, pidiendo consejos y rechazándolos y repitiendo cada dos palabras: "Si mi marido no estuviera de viaje..."

El señor Reinoso iba adelante, callado. Antes de llegar a la Dirección, se detuvo y les dijo:

—Yo creo que antes de hablar con la Directora tenemos que ponernos de acuerdo nosotros.

—¿De acuerdo en qué? –preguntó la madre de Graciela.

—En qué posición vamos a adoptar frente a esta situación. Esto no puede quedar así. Me imagino que todos pensamos lo mismo –dijo, sin obtener la respuesta que esperaba.

—A mí lo único que me importa es encontrar a Paulita –le contestó la señora Capuzotti y siguió caminando. Los otros dos la imitaron y el padre de Miriam no tuvo más remedio que ir detrás de ellos. Así anda el país, pensaba, cada uno cuida su quintita y los demás que se mueran. Si todo el mundo hiciera como él...

Entraron a la Dirección y esta vez no se sentaron.

—Por lo que veo –dijo la Directora–, los chicos no aparecieron. Miren, yo sé que ustedes están muy nerviosos y muy preocupados y, por supuesto, yo también lo estoy, pero faltan diez minutos para que toque el timbre y estoy segura de que entonces los chicos o vuelven para la escuela o van para sus casas. Yo les pediría que esperemos estos diez minutos y recién después resolvamos.

En ese momento entró la Foca.

—¿Y...? –dijo– ¿Alguna novedad?

Le contestaron que no con la cabeza. La Foca tosió.

—Yo creo que hay que ir a hacer la denuncia a la policía –dijo la madre de Paula.

—¿La policía? –preguntó la Foca y empezó a toser.

—Estoy totalmente de acuerdo –dijo el señor Reinoso–. Nosotros, los padres de las chicas, tenemos que preservar su integridad y la denuncia tiene que quedar asentada por cualquier cosa que pudiera pasarles.

—Yo también estoy de acuerdo –dijo la madre de Graciela.

—Señores –comenzó la Directora armándose de paciencia y pensando por qué no se había jubilado todavía–, ustedes están en todo su derecho de hacer la denuncia y yo no se los voy a impedir. Entiendo que estén alarmados, pero esperar diez minutos no va a modificar las cosas y vamos a evitar que estos chicos pasen por la desagradable experiencia de una declaración en la comisaría.

—Tiene razón, esperemos –dijo la madre de Graciela.

—Se necesitan menos de diez minutos para violar a una chiquita –le contestó la madre de Paula.

—Tiene razón, no esperemos –volvió a decir la madre de Graciela.

—Es lo que yo decía –dijo el señor Reinoso–. Tenemos que ponernos de acuerdo todos los padres y hacer un frente común.

—Señor Reinoso –empezó la Directora–, usted no necesita hacer un frente común, porque la escuela está de su lado y cuida a su hija tanto como usted.

—No parece –dijo Reinoso.

—No voy a permitir –intervino la Foca– que después de veinticinco años de docencia, alguien pueda cuestionar mi responsabilidad. Es la primera vez que me pasa una cosa así. Siempre tiene la culpa la maestra, pero es la maestra la que se tiene que aguantar a los chicos maleducados que le llegan y tiene que hacer malabarismos para encarrilarlos. Una deja la salud en el aula para formar a estos chicos que vienen con tantos problemas de su casa. Si el chico pasa, los padres están orgullosos del hijo que tienen, y si no pasa o tiene problemas, la culpa es de la maestra. Y yo, señor, he dejado mi vida en las aulas y no voy a permitir que cinco mocosos...

—Elvira, por favor –la interrumpió la Directora– ya vamos a ver y a deslindar responsabilidades. Por el momento...

—Por el momento, acá todo el mundo está muy tranquilo y mi hija fue secuestrada por cuatro... –el padre de Miriam ya no se podía aguantar. Él era el Presidente de la Cooperadora, no lo podían tratar igual que a los otros padres, de ninguna manera.

—Señor Reinoso, le recuerdo que su hija salió del aula por propia voluntad, que nadie la secuestró.

—¿Y si alguno entró al baño y se la llevó? ¿Cómo sabe que no fue así? –preguntó el señor Reinoso con un argumento genial. La Directora no pudo contestarle nada, y, por primera vez, pensó que el caso, a lo mejor, era mucho más grave que una rateada.

Alguien golpeó la puerta suavemente. La Directora agradeció esa interrupción. Se acercó a la puerta y la abrió. Y ahí estaba Miriam, con la cara sucia, despeinada, toda colorada, como recién vuelta de un campo de batalla.

—¡Gracias a Dios! –dijo la Directora.

Miriam había salido del sótano furiosa y había llegado a la puerta de la Dirección corriendo, sin siquiera pasar por el aula. Pensó que no era bueno ver a sus compañeros porque podían detenerla. No supuso en ningún momento que La Foca se había dado cuenta de su ausencia y quería contarle primero a la Directora lo que había pasado. Lo que nunca imaginó Miriam fue que su propio padre iba a estar esperándola en la dirección, así que, cuando lo vio, se quedó muda, clavada en el piso sin saber qué hacer.

—Señorita Reinoso... ¿se puede saber dónde estuvo durante toda la hora? –atacó la Foca.

—En el baño, seño –contestó Miriam con un hilito de voz y supo inmediatamente que nadie le había creído. Pasada la primera sorpresa, reconoció al resto de los padres que estaban ahí.

—¡Miriam! –le dijo su papá–. No trates de encubrir a tus compañeros con otra mentira. Acá todos sabemos que vos no tenés nada que ver con todo esto, que sólo querías ayudar. Pero no es mintiendo como se ayuda. La mentira es un delito, no tan grave como el de tus compañeros, pero un delito. Así que, hija, si no querés empeorar tu castigo, te ordeno que digas la verdad.

Miriam conocía a su papá. Esta forma de hablarle significaba claramente un flor de castigo. Su plan de delatar a sus compañeros estaba arruinado, porque, por lo visto, todo el mundo ya sabía que no habían estado en clase. Ahora necesitaba un buen argumento para salvarse ella.

—Bueno –empezó Miriam– yo le pedí permiso a la señorita Elvira para ir al baño porque no me sentía bien, y, cuando entré al baño, me encontré con Graciela y con Paula, que estaban como escondidas. Les dije que había tocado el timbre y ellas me dijeron que ya sabían, que no eran sordas, porque siempre contestan mal. Pero cuando yo me metí en el baño... en donde está el inodoro quiero decir, las escuché que hablaban y que no se iban. Entonces me quedé ahí, escuchando, porque pensé que a lo mejor alguna podía sentirse mal. Al final, se fueron y yo también salí atrás de ellas. Y ahí pude ver que se encontraron con los chicos en el pasillo y no vinieron para el lado del grado. Entonces me quedé escondida y los espié para seguirlos.

—¿Y se puede saber –le preguntó el padre– por qué no volviste al aula para contarle a la maestra? Podrías haber evitado muchos peligros con eso.

—Yo quise volver –dijo Miriam con la mejor voz de inocente– pero ellos me vieron y Federico me obligó a ir con ellos para que no contara nada.

—A Paulita también, estoy segura –dijo la madre de Paula refregándose las manos.

—No, señora –contestó Miriam con maldad–. Paula conocía el plan y se iba de lo más contenta.

La madre de Paula se tuvo que sentar.

—Usted se da cuenta, Miriam –dijo la Foca– que defraudó mi confianza, que me engañó, que se... escapó de la clase como sus compañeros.

—Creo que mi hija ya aclaró que la obligaron a hacerlo.

—Miriam –intervino la Directora–, ¿dónde están tus compañeros?

—En el sótano –dijo Miriam.

—¡Imposible...! –respingó la Foca–. Yo misma revisé el sótano porque encontré la puerta abierta y ahí no había nadie.

—Le digo la verdad, seño.

—Pero si yo abrí la puerta y estaba todo tan oscuro y con un olor a podrido... perdón, hediondo, que ningún ser humano puede bajar ahí, así, sin luz...

—Tenían una linterna –agregó Miriam.

Esta vez la que se sentó fue la Foca. No sólo se le habían escapado cinco chicos del aula sino que, además, ella había buscado en el sótano y no los había visto.

El padre de Miriam carraspeó satisfecho.

—Además –dijo Miriam–, cuando me pude escapar les robé la llave y los encerré ahí. Acá está.

Miriam sacó del bolsillo la llave del sótano que se le había caído a Fabián del bolsillo cuando lo había empujado. Efectivamente, al salir, había cerrado la puerta con llave para que no se pudieran escapar y después decir que era todo una mentira.

—Muy bien –dijo la Directora que ya respiraba más aliviada–. Vamos a buscarlos.

Y salieron de la Dirección en el preciso momento en que tocaba el timbre. Justo a tiempo, pensó Miriam, menos mal que los encerré.

Caminaron por el pasillo en dirección contraria a toda la escuela que estaba saliendo. La Directora adelante con la llave en la mano, atrás Miriam y la Foca, después el señor Reinoso y por último los otros tres padres. Parecían un batallón de fusilamiento. Ramón los vio pasar como si fueran una aparición.

—Necesito una linterna, Ramón –le dijo la Directora.

Llegaron a la puerta del sótano. La Directora puso la llave en la cerradura y la hizo girar. Después abrió la puerta y los recibió el olor a humedad.

Cuando Ramón llegó con la linterna, el padre de Fabián la agarró y les dijo:

—Déjenme ir adelante, puede ser peligroso.

—Yo los espero acá –dijo la madre de Paula.

De a uno fueron desapareciendo en la oscuridad del sótano. La madre de Paula pudo, al principio, ver el punto de luz de la linterna y la sombra de ese extraño grupo de expedicionarios recortada por la luminosidad que entraba desde el pasillo. Después, sólo la oscuridad y las voces que se iban hundiendo en la tierra. Voces de alerta, llamados, algún grito ahogado... la tosecita de la Foca. Después también el silencio.

Ramón estaba junto a ella. Él conocía ese lugar pero le pareció que no era el momento para entrar. ¿Qué estarían buscando? Porque, para guardar, no llevaban nada. Ramón se acordó del desorden del sótano. Iba a tener que aguantarse a la Directora esa tarde. De repente, lo asaltó la duda: nadie le había pedido que abriera la puerta y la única llave que había era la suya. Se llevó la mano al manojo de llaves que llevaba colgado del cinturón. Revisó una y otra vez las llaves que tenía: grandes, diminutas, viejas, nuevas, plateadas, doradas, tintineaban entre sus dedos nerviosos. Volvió a revisar. Conocía de memoria para qué servía cada una. La del sótano, no estaba. Se puso pálido. Si algo pasaba ahí abajo, era su responsabilidad. Miró a la madre de Paula. Lo mejor era esperar ahí.

—¿Por qué tardan tanto? –le preguntó la señora.

—Depende de lo que anden buscando –le contestó Ramón–. Hay cosas que están a mano, pero otras son difíciles de encontrar entre tanto cachivache.

—Están buscando a los chicos –le dijo la madre de Paula.

—¡Vamos, señora! –se rió Ramón–. ¡Cómo va a haber chicos ahí! Cualquiera que se meta ahí abajo más de cinco minutos se queda bien muerto. ¡Si no se puede respirar! Por la falta de oxígeno, ¿vio?

La madre de Paula tuvo que sostenerse de la pared para no caerse. Ramón se dio cuenta de que no había dicho nada bueno. ¿Qué misterio era éste?

Pasaron unos minutos más en silencio.

Sólo se escuchaba, a lo lejos, el ruido de platos del comedor y las voces de los chicos que se habían quedado a almorzar. El resto se había ido a su casa. Todos menos los de séptimo, que esperaban en la puerta para ver cómo terminaba todo esto.

Por la boca oscura del sótano se vio el reflejo de la linterna que iba avanzando. La madre de Paula respiró aliviada. Vio al padre de Fabián ayudar a la Directora, vio a Miriam saltar unas maderas, a la Foca agarrándose de la pared y de su pañuelo, a la madre de Graciela, al padre de Miriam que venía resoplando... Miró más atrás buscando la cara de Paulita... siguió mirando...

—Abajo no hay nadie –le dijo el padre de Fabián, y apenas si tuvo tiempo para atajarla. La señora de Capuzotti se había desmayado.

Capítulo 18

Así estaban las cosas. Una madre desmayada. Los chicos sin aparecer. El plazo de tiempo que había vencido... y el señor Reinoso furioso.

Miriam no podía creerlo. ¡Los había dejado en el sótano, los había encerrado con llave!... No podían haber desaparecido en el aire... No podía ser.

—Señores –dijo el señor Reinoso una vez que la madre de Paula se recuperó– yo tengo algunas determinaciones tomadas y me importa poco si me acompañan en ellas o no. La indecisión nos llevó a esto. Son las doce del mediodía y esos chicos no aparecen. Gracias a Dios, mi hija está acá, pero para que vean que lo que a mí me preocupa es la escuela, y no mi hija... quiero decir, no sólo me preocupo por mi hija, voy a hacer la denuncia correspondiente en la comisaría.

—Como usted quiera –dijo secamente la Directora.

—Yo voy con usted –le dijo la madre de Paula.

—Pero antes –siguió el señor Reinoso, que no se daba por satisfecho–, quiero decirle a usted, frente a esta gente de testigo, que cuando mi hija salga por esa puerta conmigo, como corresponde, no volverá a entrar en esta escuela. Yo tengo muchos contactos y no a va a ser difícil conseguir una vacante a esta altura del año...

—Pero, papá... –protestó Miriam.

—De papá se debiera haber acordado antes –le contestó Reinoso sin dejarla hablar–. ¡Cuando no cumplió con su deber yéndose con esos chicos y cuando, para encubrirlos, nos mintió a todos!

—Yo no... –empezó Miriam otra vez.

—Se calla la boca –la cortó el padre–. No quiero oír una palabra más. Hubiera hablado cuando debía. Es inútil llorar sobre la leche derramada. Vaya a buscar sus cosas, que nos vamos.

Miriam salió corriendo hacia el grado, secándose las lágrimas con la mano abierta y pateando el piso con furia. Sabía que su papá iba a cumplir lo que había dicho y que iba a ser peor aún, porque el castigo iba a llegar en su casa. Entró al grado. Todo estaba silencioso. Sólo las mochilas sobre las sillas estaban ahí para despedirla. El mapa de la Foca abandonado contra el pizarrón. Caminó hasta su banco. Su mapa, a medio dibujar, estaba todavía ahí, con el marcador azul. En cuatro bancos más habían quedado las cartucheras y las carpetas cerradas. Guardó todo en la mochila. Después agarró el marcador azul y se acercó al banco de Graciela. Apoyó la fibra sobre la fórmica y vio el puntito resbaloso que dejaba. Lo había hecho muchas veces. Escribió sobre el banco "perdoname".

Después lo escribió en el banco de Fabián, en el de Paula y en el de Fede. Se le borroneó con una lágrima. Cargó su mochila sobre un hombro y salió. Al pasar por el pizarrón se detuvo nuevamente. Agarró una tiza y escribió con letras gigantes "LOS ODIO A TODOS". Cerró la puerta de un portazo y se fue a buscar a su papá.

Los vio venir por el pasillo. Escuchó la voz de su papá que decía algo sobre el buen ejemplo. Pasó por delante de la biblioteca y ahí se detuvo. Quedó parada frente al vidrio de la puerta con los brazos colgando, la boca abierta y los mocos cayéndole de la nariz.

Capítulo 19

Miriam nunca se enteró de lo que había pasado una vez que ella salió del sótano. Faltaba un minuto, en el reloj de Fabián, para que tocara el timbre. Los cuatro chicos seguían sentados sobre la tapa de madera del piso, sin querer levantarse nunca más de ahí. ¡Si hubieran podido parar el reloj...! Si hubieran podido parar todos los relojes del mundo, para quedarse como estaban, apretándose las manos, callados, acurrucados unos contra otros...

—Medio minuto –dijo Fabián. Y se apretaron las manos más fuerte.

—Escuchen –dijo Federico en voz muy, muy bajita–, pase lo que pase, juremos que ninguno de nosotros va a contar nunca ni lo que hicimos ni lo que dijimos acá. ¿Lo juramos?

Todos extendieron su mano sobre la de Federico:

—Lo juramos –dijeron.

—Y que si nos echan de la escuela, vamos a seguir viéndonos siempre –agregó Graciela.

—¡Lo juramos!

—Y que le van a pedir permiso a mi mamá para que me deje ir con ustedes –dijo Paula.

—¡Lo juramos!

—Y que nos vamos a vengar de la gorda idiota –dijo Fede.

—¡¡¡Lo juramos!!!

—Y que van a reventar a trompadas al que me diga gusano miope –dijo Fabián.

—¡Lo juramos!

—¡Y que me van a prestar hojas en dibujo! –dijo Fede.

—¡Lo juramos!

—¡Y que vamos a seguir siendo amigos para siempre! –gritó Fabián.

—¡¡¡Lo juramos!!!

—¡Y que me olvidaba el *mp3*! –volvió a decir.

Y recibió coscorrones y patadas de todos.

Fabián corrió a desconectar su *mp3*. Federico pegó una rápida revisada para ver que no quedara nada olvidado que los pudiera delatar. El timbre los hizo saltar.

No tuvieron tiempo ni para echarle al sótano una mirada de despedida. Tenían que salir cuando los grados pasaran por el pasillo y mezclarse entre los chicos y, en general, la salida era rápida. Federico esperó que las chicas subieran la escalera y apagó la luz. Después el también corrió escaleras arriba. No se veía nada, pero ahora, el sótano ya era como su casa y podía esquivar los bultos que encontraba en su camino.

Cuando llegaron arriba, escucharon los pasos y los gritos de los chicos que pasaban por el pasillo.

—Abrí –le dijo Fede a Paula.

Paula tiró del picaporte. No pudo abrir.

—Dejáme a mí –le dijo Fede.

Pero tampoco pudo hacer nada.

—Está cerrado con llave –dijo.

—Pero si yo dejé abierto... –se acordó Fabián.

—No importa, por ahí cerró Ramón desde afuera. Rápido, dame la llave.

Fabián buscó en el bolsillo.

—No la tengo –dijo–. La había guardado acá.

—Buscá bien –le dijo Fede–, por ahí la metiste en otro lado.

Fabián revolvió sus bolsillos con desesperación. Buscó hasta en las medias. La llave no estaba. Paula empezó a lloriquear.

—Se me debe haber caído –dijo Fabián–. Pará que bajo a buscarla.

—No hay tiempo –le dijo Fede– tardarías años en encontrarla ahí abajo.

—Bueno, pero no hay otra solución... –se metió Graciela–. O encontramos la llave o nos quedamos acá para siempre.

Paula se largó a llorar con todo.

—¡Pará, nena! –rezongó Federico.

—¡La tapa! –gritó Fabián.

Fabián se había acordado de la tapa del piso donde recién habían estado sentados.

Pero a ninguno le pareció muy útil. Fabián creía que, a lo mejor, eso comunicaba a otro sótano, que, a lo mejor, había otra salida. Ramón había dicho algo de los túneles una vez.

Eso parecía más una fantasía de Fabián que una buena idea. Pero no tenían otra opción. Se quedaban esperando ahí o buscaban otra salida. En el último de los casos, podía ser un buen escondite si los venían a buscar.

Ya no se escuchaban más pasos de los chicos. Evidentemente, toda la escuela había salido. Volvieron a bajar la escalera del sótano. ¡Pensar que la primera vez les había parecido tan peligrosa y ahora la bajaban casi corriendo!

Paula se negaba a meterse en ese agujero, pero ninguno hacía caso de sus quejas.

Federico volvió a prender la luz. Ahí estaba la tapa. No había forma de meter los dedos en los bordes para levantarla. Fabián probó con su cortaplumas pero fue como levantar un elefante con una cucharita.

Era claro que en algún momento la tapa había tenido una manija, pero ahora sólo estaba el agujero. Además, hacía años que nadie la movía.

—Hay que hacer palanca –dijo Fabián–. Consigan un palo.

El primero, que consiguió Graciela, se quebró al primer intento. Paula trajo otro. Metieron el palo por el agujero de la manija y empujaron para abajo por el otro extremo. El palo se curvaba. Después de dos o tres esfuerzos la tapa empezó a ceder. Los chicos se entusiasmaron y empujaron más. La tapa se separó unos centímetros del nivel del piso, en un costado. Graciela y Paula siguieron empujando mientras los chicos agarraban ese borde y hacían fuerza para levantarla.

Pudieron separarla del piso. Entre los cuatro la corrieron y quedó apenas un agujero para pasar por el costado. No era muy atractiva la idea de hundirse en esa oscuridad. No veían el fondo. Fabián iluminó con su linterna inútil. El borde del pozo era de ladrillos sucios y húmedos, como un caño hacia abajo.

—Hay que agarrarse de los ladrillos –dijo Fede–. Dejen que yo bajo primero.

Metió las piernas adentro del pozo y se dejó deslizar, sosteniéndose del piso, y buscando apoyo con los pies. No tocaba el fondo, y no podía saber qué profundidad tenía como para pegar un salto.

Federico volvió a salir.

—Me parece que es imposible –dijo–. Yo me animo, pero las chicas no creo que puedan.

Fabián tiró un libro por el pozo. Cayó haciendo eco muy abajo.

—¡Paren! –dijo Graciela–. Yo una vez leí un cuento de un tipo que bajaba de un balcón haciendo una soga de sábanas.

—Sí, y en el medio se le cortaba y se hacía bosta contra el suelo –se rió Fede.

—¡Tarado!

Después de todo, probar, no costaba nada. Buscaron trapos, sábanas, sogas y los fueron anudando unos con otros. Había quedado lo suficientemente largo como para escalar un edificio de diez pisos. Al menos, eso les pareció. Lo ataron a un pilar del sótano y lo dejaron caer por el agujero. Tiraron los cuatro juntos para probar que estuviera firme. El nudo no se soltó.

—Allá voy –dijo Fede, y agarrándose de las sábanas empezó a meterse en el agujero.

Los otros tres lo miraron desde arriba. Después, dejaron de verlo y él a ellos.

—¡Silbá! –le gritó Fabián. Al menos así sabrían que estaba vivo.

A Federico no le salía un sonido. Tenía la garganta seca, le dolían las manos y se raspaba contra las paredes todo el tiempo. Quiso silbar y le salió un chillido de gorrión ahorcado. Pero el pozo tenía fondo y, finalmente, apoyó los pies en tierra firme.

—¡Llegué! –les gritó– ¡Bajen de a uno!

Graciela lo siguió. Nunca había sido buena trepándose a las sogas, no podía entender cómo estaba haciendo esto ahora sin matarse. Federico la sostuvo cuando estuvo cerca.

—¡Listo! –gritaron.

Paula empezó a bajar. Bajaba y lloraba, bajaba y quería subir. Fabián la alentaba desde arriba y los chicos desde abajo.

Fabián, antes de bajar, apagó la luz. Pensó que mejor hubiera sido cerrar la tapa, pero ¿cómo? Además, a lo mejor, tenían que volver. En el momento en que empezó a bajar escuchó voces en la puerta del sótano y hasta le pareció que alguien giraba la llave. Se apuró, no quería que lo engancharan a él solito ahí.

Cuando los cuatro estuvieron abajo, agarrados de las manos, empezaron a caminar por la única salida posible: un pasadizo de techo bajo y paredes de ladrillos, que los obligaba a ir uno atrás del otro y agachados. Se hacía difícil respirar y, ver algo, imposible. El pasadizo iba derecho, sin desviaciones hasta un lugar en que se ensanchaba.

Al llegar ahí, se soltaron para recorrer las paredes y ver dónde seguía ese túnel infinito. Tantearon con manos y pies, palmo a palmo, sin encontrar aberturas.

Fue Federico el que se tropezó con algo en el otro extremo. Tocó con el pie. Parecía un escalón de piedra. Había otro más arriba. Llamó a los chicos.

—Por acá –les dijo.

Subieron unos diez escalones. Daban a una puerta de hierro. Federico buscó un picaporte y no lo encontró.

—Lo único que nos queda es empujar –dijo.

Se apoyaron los cuatro en la puerta y empujaron sin demasiada esperanza. Pero la puerta se movió. Volvieron a empujar: se movió otro poco.

—¿A dónde da esto? –preguntó Graciela.

—Al living de mi casa –contestó Fede–. No preguntes idioteces y empujá. Cuando yo diga tres. ¡A la una! ¡A las dos! ¡Y a las tres!

Los cuatro, al mismo tiempo, pegaron un empujón y escucharon del otro lado un ruido estrepitoso de cosas que se caían.

Esperaron callados. Por lo visto, fuera lo que fuera, en ese lugar no había nadie. Federico se metió por la abertura que había dejado la puerta. No podía creerlo. Estaban en la mismísima biblioteca de la escuela y... ¡solos! Esto sí que era una posibilidad de salvarse.

La puerta de hierro por la que habían pasado estaba atrás de uno de los armarios llenos de libros. A lo mejor, ni Ramón sabía que existía.

Rápidamente volvieron a cerrarla, corrieron el armario a su lugar y levantaron los libros que habían tirado al suelo con el empujón, poniéndolos como pudieron en los estantes.

Fabián se quedó con un libro de historia y se sentó frente a una mesa. Los otros tres se desmoronaron a su alrededor.

En ese momento apareció la cara de Miriam en la puerta.

Capítulo 20

Miriam se quedó parada frente a la puerta de la biblioteca como si estuviera viendo fantasmas.

—Vamos... –le dijo el padre al pasar junto a ella.

Pero Miriam no lo escuchó. Siguió ahí sin moverse.

—¡Miriam! –gritó el padre unos pasos más allá.

Pero Miriam no le contestó. Entonces, el señor Reinoso volvió sobre sus pasos y la tironeó de un brazo. Fue en ese momento que los vio: Graciela, Paula, Fabián y Federico estaban ahí, sentados alrededor de una mesa de la biblioteca. Fabián leía algo, los demás lo escuchaban y conversaban. No lo habían visto, al menos eso pensó el señor Reinoso.

—Están acá –dijo llamando a los demás. El grupo se detuvo de golpe y corrió hacia la biblioteca. Aparecieron sonrisas, lágrimas, suspiros y la tosecita de la Foca.

Miriam avanzó para entrar a la biblioteca. Quería saber cómo habían llegado ahí. Se había perdido lo mejor de la rateada. Pero su papá la detuvo.

—Vos no volvés a dirigirle la palabra a ninguno de esos mocosos –le dijo–. No tenemos nada que hacer acá, vamos. Buenas tardes –saludó y arrastró a Miriam de un brazo por el pasillo.

Miriam se dejaba llevar mirando hacia atrás, caminando a los tropezones. Vio como entraban todos a la biblioteca. Escuchó un alboroto. Después, su padre cerró la puerta de la escuela.

Cuando la Directora entró a la bilbioteca, seguida por la Foca y los padres, los chicos los miraron tratando de poner cara de sorpresa. Y sorprendidos estaban: no esperaban ver a sus padres ahí.

—¡¿Qué hacen acá, señores?! –gritó la Foca.

—Estamos preparando un trabajo en equipo para historia –contestó Fabián, y al mirarlo a su papá se dio cuenta de que no lo había engañado.

—¿Toda la hora? –preguntó la Foca.

—Sí, seño –dijo Graciela–. Paula le pidió permiso.

Paula se puso pálida. ¿Qué decía ahora?

—Y... yo... yo... no –balbuceó–. Le pidió Fabián.

—¡No! –dijo Fabián haciéndose el canchero–. ¿No habíamos quedado que le pedías vos? –le preguntó a Graciela.

—No, vos –contestó Graciela.

—Esto quiere decir –dijo la Directora– que ustedes se pasaron toda la hora acá sin permiso.

—No, lo que pasa es que fue... –empezó Graciela.

—Déjelo así –la interrumpió la Directora–.

A la tarde tomaremos las medidas que correspondan por esta indisciplina. Ahora, vayan a sus casas. ¡Ah! Federico, llamó su mamá para decir que tiene que almorzar en el colegio.

Federico se puso pálido. Quería saber qué había pasado, pero no podía preguntárselo a nadie.

—¿Ya tocó el timbre? –preguntó Fabián–. Estábamos tan entusiasmados con este tema que ni lo escuchamos.

Graciela casi larga una carcajada.

Los chicos guardaron el libro y todos se dispusieron a salir.

—Paulita... ¿estás bien? –le preguntó su mamá.

—Sí, mami... ¿qué me puede pasar estudiando en la biblioteca? –le contestó Paula guiñándole un ojo a Fabián.

—Bien, por suerte, esto no fue más que un malentendido, pero no va a quedar así. Por negligencia de ustedes, niños, o por querer faltar a las normas de la escuela, inquietaron a sus padres y a sus maestros. ¿Se imaginan lo que puede pasar si acá cada uno hace lo que se le ocurre? Les puedo asegurar que no va a quedar así. Vamos a prohibir el uso de la biblioteca si un maestro no está con ustedes.

La Directora despidió a los padres pidiéndoles disculpas y les reiteró, una vez más, que iba a tomar las medidas necesarias para que esto no se volviera a repetir. Mientras caminaba a la Dirección, acompañada por la Foca, la asaltó una duda:

—Dígame, Elvira –le dijo–, ¿usted no revisó la biblioteca?

—Sí, señora –contestó la Foca– y le aseguro que estaba vacía.

La Directora sacudió la cabeza y se le escapó una sonrisa. La Foca se puso a toser.

Federico se fue para el comedor. Se acababa de dar cuenta de que estaba muerto de hambre.

La madre de Paula le envolvió a su hija una bufanda al cuello y caminó hacia la salida llevándola de la mano.

Graciela sacó el peine del bolsillo, mientras caminaba junto a su mamá, un poco más atrás.

—La verdad, no entiendo –dijo la madre–. ¿Cómo podés tener ese aspecto deplorable por estar en la biblioteca? Miráte el delantal. Esta escuela está cada día más sucia.

El padre de Fabián le dio un coscorrón cariñoso en la cabeza, pero poniendo cara muy seria le dijo:

—Cuando lleguemos a casa, quiero saber la verdad.

Fabián se encogió de hombros y sonrió. Algo le iba a contar, pero nunca lo que habían dicho ni lo que habían hecho en el sótano. Lo juraba.

Antes de pegar la vuelta al pasillo que llevaba a la puerta de la escuela, Fabián, Paula y Graciela se pararon. Miraron hacia atrás. Ahí estaba Federico yendo para el comedor. Federico levantó el pulgar en señal de "salió todo al pelo". Los chicos le respondieron con el mismo gesto.

Por la puerta del sótano salió Ramón llevando un bollo de sábanas y sogas. Los chicos temblaron.

—Hay que ordenar un poco ahí abajo –les dijo Ramón–. Hace mucho que no meto mano. –Y les guiñó un ojo.

Los chicos respiraron aliviados. Volvieron a despedirse... hasta esa tarde.

Todo iba a ser igual, pero no para ellos después de haber estado en el sótano. Y tampoco para Miriam, que no volvió a esa escuela y que jamás pudo enterarse cómo los chicos habían llegado a la biblioteca, porque ninguno de los cuatro contó nunca lo que habían dicho y hecho ese día en la hora de La Foca.

Se terminó de imprimir en
TALLERES GRÁFICOS **D.E.L**. S.R.L.
E. Fernández 271/75, Tel: 4222-2121
Avellaneda, Buenos Aires.
en el mes de agosto de 2013.